社会科学系のための AI入門

福田玄明［著］

Introduction to Artificial Intelligence
for Students in Social Sciences

学術図書出版社

■ 本書に登場するソフトウェアのバージョンや URL などの情報は変更されている可能性があります．あらかじめご了承ください．

■ 本書に記載されている会社名，サービス名および製品名は各社の商標または登録商標です．

まえがき

近年、人工知能 (AI) の発展は目覚ましく、私たちの日常生活やビジネス、さらには学術研究の領域においても、その影響は計り知れません。AI は、単なる技術革新にとどまらず、社会のあり方や人間の意思決定プロセスに大きな変革をもたらすようになりました。このような背景のもと、2020 年、一橋大学では、全学共通科目として「AI 入門」という科目がスタートしました。本科目では、社会科学系を専門とする学生が AI の役割を正しく理解し、自ら活用するために、実際にプログラムを書き、その動作を確認することでより深い理解を得ることを目指しています。

「AI 入門」の教科書として、本書『社会科学系のための AI 入門』は執筆されました。本書は、社会科学系の学生が AI の基本概念を学び、その活用方法を理解し、体験することを目的としています。AI の技術的な側面を過度に掘り下げるのではなく、幅広く関連事項を体験し、社会科学の視点からどのように AI を活用できるのかを考える機会を提供することを目指しています。

このため、本書は以下のような内容で構成されています。

- **第 1 章** では、人工知能の歴史をたどり、人工知能とは何かについて考察します。
- **第 2 章** では、本書の内容を理解し、実際に自らの手を動かすためのプログラミングの基礎を概観します。
- **第 3 章** では、プログラミングを用いた問題解決の手法と考え方について、具体的な練習を通じて学びます。
- **第 4 章** では、データ処理の基礎を学び、簡単なデータ分析手法を習得します。
- **第 5 章** では、統計的学習の基礎を理解し、その意義について考えます。
- **第 6 章** では、現在の AI の中心である統計的機械学習について学び、実際に機械学習プラットフォーム Kaggle のコンペティションに挑戦します。

- **第 7 章**では、ディープラーニングの原理とその応用について学びます。
- **第 8 章**では、試行錯誤を通じて学習するエージェントについて実践的に取り組みます。
- **第 9 章**では、AI 時代における新たな社会問題について考察します。
- **第 10 章**では、新しいタイプの人工知能である生成 AI を中心に、今後の AI の発展とその社会的影響について議論します。

　本書が、社会科学を学ぶ読者にとって、AI を理解し、活用するための有益な手引きとなることを願っています。AI は今後さらに発展し、私たちの社会に深く根付いていくことが予想されます。社会科学の視点を持ちながら AI を適切に活用し、批判的に考察する能力を養ってほしいと思います。

　最後に、本書の執筆にあたり、多くの方々から貴重なご意見やご助言をいただきました。ここに深く感謝の意を表します。

2025 年 2 月

福田 玄明

目　　次

第1章　人工知能の歴史とこれから　　**1**

1.1　人工知能って何だろう 1

1.2　人工知能のはじまりとこれから 2

第2章　プログラミングの基礎　　**6**

2.1　初めてのプログラム 6

2.2　Hello World! 7

2.3　データの型 9

付録　タプルとディクショナリー 28

第3章　プログラミングによる問題解決　　**30**

3.1　繰り返し計算による問題の解決 30

3.2　動的計画法 35

付録　再帰計算とフィボナッチ数列の高速化............. 47

第4章　データ処理の準備　　**51**

4.1　データ処理の見通し 51

4.2　やってみよう 52

付録　標準ライブラリ 69

第5章　統計的学習への第一歩　　**71**

5.1　データを概観 71

5.2　関係の記述から予測モデルへ 76

5.3　統計的機械学習 81

第6章　統計的機械学習の実践　　**82**

6.1　機械学習の種類 82

6.2　課題の種類 84

6.3　機械学習をとにかくやる 84

iv 目 次

6.4	いろいろなモデル（リグレッション）	88
6.5	データのプリプロセッシング	92
6.6	いろいろやってみよう（クラシフィケーション）	102
6.7	There is no such thing as a free lunch	107
6.8	ハイパーパラメータの調節	107
6.9	アンサンブル学習	109
6.10	おわりに	111
付録	モデルの評価指標いろいろ	112
付録	教師なし学習	114

第7章 ディープラーニングのお話 **117**

7.1	単純なところから	117
7.2	ディープラーニングの先駆け ネオコグニトロン	125
7.3	ディープラーニングの始まり AlexNet	133
7.4	その後のディープニューラルネットワーク	136
7.5	ディープラーニング、その他の応用	139
7.6	おわりに	141

第8章 試行錯誤による学習—強化学習の素— **143**

8.1	強化学習とは	143
8.2	Q 学習と格子の世界	154
8.3	おわりに	158
付録	乱数の生成	159

第9章 AI 時代の社会の問題 **160**

9.1	知られたくないこと：プライバシーの問題	160
9.2	AI の機能はコードを見てもわからない：透明性の問題	162
9.3	AI こそ公平ではいられない：AI の偏見	164
9.4	AI の決定は誰の責任？：代理意思決定の責任の所在	166
9.5	いつも誰かに見られているかも：AI の不可視性と影響力	167
9.6	おわりに	168

第 10 章 生成 AI とこれからの人工知能 170

10.1 もう一度、人工知能とは 170

10.2 ヒントンのディープラーニング 170

10.3 データの生成 171

10.4 画像の生成 173

10.5 言語の生成 176

10.6 基盤モデル 178

10.7 これからの応用と人工知能の行く末 179

索　引 182

1 人工知能の歴史とこれから

　近年、人工知能、AI という言葉は、広く一般的に使われるようになりました。バズワードといってもいいと思います。「AI 搭載の〜」とか「AI で解析した〜」とか、AI はまるで便利なことが何でもできる魔法のようです。でも、魔法ではないとして、AI とは何のことでしょうか？　みんな、どのような意味でこの言葉を使っているのでしょうか？　AI と呼ばれる何か、例えば機械学習やディープラーニング、があってそれを使っているという意味でしょうか？　それとも、コンピュータで何かやっていれば、何でも AI と呼んでもいいのでしょうか？　この問いには、一通りの決まりきった答えはないように思えます。そこらじゅうで見かける、いろいろな広告やニュースなどで紹介される AI が、同じものを指しているようには思えません。実際、歴史的にも、AI と呼ばれるもの、何を AI と呼ぶかは、その時々のニーズと期待と技術の進歩により変化してきた経緯があるため、これこそが AI と定義するのは簡単ではありません。

1.1　人工知能って何だろう

　人工知能 (AI) と呼ばれるものを明確に定義することが難しいとしても、共通する部分はあります。基本的な考えとして、人工知能はその文字通りの意味、知能を持った機械を実現するための取り組みの成果です。どのように何を実現するかというところで、大きく分けて 2 つの立場があります。

　まず 1 つ目は、「人間のようにふるまう機械」を実現することを目標とする立場です。人間の仕事を肩代わりすることを目的に、その行動が人間のものと似ている、情報処理の結果が人間の出す答えに近いということが目標です。少なくとも近年（2000 年代くらい）までは、このような考え方はよりいいパフォーマンスを発揮するということと同義もしくは、区別する必要がありませんでした。多くの課題で、機械は人間に劣っていましたし、まだまだ多くのタイプの課題で今でもそ

うです。しかし近年になってディープラーニングという新しい技術が生まれ、画像認識や自然言語処理などの発展が著しくなり、人間のパフォーマンスを超えるものが現れてきましたし、自動運転や自律ロボットなどの技術もより一層人間の能力に近づいていくことが期待されています。これからも機械の性能はさらに上がって、これまで人間がやっていた仕事を人間以上のパフォーマンスで機械がこなすようになることが予想されます。このように、「人間のようにふるまう機械」というとき、人間のような処理結果を出すことを求め、どのような処理をしたかを問いません。このときの人工知能は人間の知能とは別のもので、そうだからこそ、人間の仕事を人間以上のパフォーマンスで助けることができるかもしれません。

2つ目は、「人間みたいに考える機械」の実現を目指す考え方です。「人間の知能」そのものの実現を試みる立場です。ここでは、人間と同じ考え方、処理様式で最終的な判断、行動を決定することを求めます。極端には、性能が低くても、人間のように間違うなら、むしろ大成功です。ここでは、人間がどのように考えるのか、人間の脳はどのような処理をしているのかということまでその範疇に含みます。このような人間の知能について考える学問分野は認知科学と呼ばれ、心理学や脳科学を含み、人間の知能や認識を情報科学的にとらえる学問です。現在のAIの隆盛を支えるディープラーニングの発展に大きく寄与したローゼンブラット、ラメルハートやヒントンという学者がそれぞれ心理学者、認知科学者、認知心理学者を名乗っているのもちょっと面白いところです。人間の持つ知能の仕組みを探ることで、我々は未知の情報処理に出会えるかもしれませんし、人間をよりよく知ることともつながっていくかもしれません。

いずれの考え方にしても人工知能分野の研究対象は歴史的に変遷してきましたし、そのうえ、人工知能・AIは、その成り立ち上、多くの学術分野の境界領域かつ複合領域となっており、AIとは何かという問いは、我々のいま何をどのように実現したいのかという期待と密接に関係していると言えるかもしれません。

1.2　人工知能のはじまりとこれから

1956年、ダートマス会議 (The Dartmouth Summer Research Project on Artificial Intelligence) という会議が開かれました。この会議において、発起人であるジョン・マッカーシーによって人工知能という言葉がはじめて使われ

ました。このときを人工知能の始まりの年とすることが多いようです。この会議では、コンピュータの急速な発展に伴う知的な機械の出現への期待の高まりを受けて、哲学者、数学者、心理学者、コンピュータ科学者などが集まって、それぞれの分野での人間のような知的活動を行う機械についての試みや成果が報告されました。この人工知能の始まりから紆余曲折を経て、現在の AI ブームは第 3 次 AI ブームと呼ばれています。

第 1 次 AI ブーム：古き良き AI の時代

　ダートマス会議に始まった第 1 次 AI ブームでは、コンピュータ科学の発展に大きな期待がかけられ、いろいろな問題を解ける一般的な知能を目指していました。まさに、人間の知能そのものを実現しようという意気込みがあったのでしょう。この時期の人工知能が取り組んだのは、パズルや数学でした。人間にとっても難しいような問題を機械が解くこと、それが知能の実現だと考えられたのでしょう。このような背景で、発展したのが推論と探索という手法です。迷路やゲームの解決などにおいて性能を発揮し、知的なふるまいを見せるコンピュータに大きな期待がかけられ、いずれ人間のようにいろいろな問題を解決できる機械が実現するかに思われていました。しかしながら、この時期のAI は期待されたほどの能力を発揮することはありませんでした。現実の問題は予想されていた以上に複雑であり、厳密なルールで単純化された課題においては好成績を上げることができても、実際に役立てることは難しかったことが1 つの原因です。我々人間が簡単に解決している日常的な課題は、情報科学的に理解しようとすると、とても複雑で、あいまいであることがわかってきました。例えば、机が並んだ教室で、目的の場所に移動するためだけでも、机の配置の理解、どこが通路として利用できるのか、それらの経路の距離、コストなど多くの計算が必要なうえ、それは事前に何を「いい」とするのかも決められていません。このように、我々が、実際に日常的に解決している問題は、複雑であいまいです。研究の発展とともに AI の限界がどんどん明らかになっていき、「AI 冬の時代」と呼ばれる時代に突入します。

第 2 次 AI ブーム：知識工学の時代

　第 2 次 AI ブームは 1970 年代後半から 1980 年代にファイゲンバウムにより提唱された知識工学をもとに始まりました。ここでは、一般的な知能を目指し

たことから実用性に欠けた第 1 次 AI ブームでの失敗を踏まえて、コンピュータに特定の分野の専門家（エキスパート）の知識を実装し、特定の問題解決に秀でたエキスパートシステムの開発が中心となりました。例えば、医療診断システムや工業用管理システムが作られました。エキスパートシステムの核は、知識ベースと推論エンジンです。知識ベースはプロダクションシステムと呼ばれる if then の形で表現されたルールと事実を組み合わせます。推論エンジンは、知識ベースに蓄えられた知識を基に、推論を行います。このような推論処理は再帰的処理により簡潔に表現され、大きく発展しました。また、エキスパートシステムは実社会での有用性も高かったため、大きなプロジェクトに大金がかけられました。しかしながら、実際の人間の知識量は膨大でそれを実装することは現実的ではないこと、人間の知識はあいまいで多くの例外処理が求められ、予想された以上に知識を実装することが難しい問題であることが明らかになり、限られた範囲でしか成果を見せることはできませんでした。また、知識ベースのアップデートにかかる手間と費用も大きな問題でした。その後、また AI は冬の時代を迎えます。

▓ 第 3 次 AI ブーム：現在とこれから ▓

　現在に続く AI ブームの 1 つのきっかけがディープラーニングをはじめとする機械学習の発展です。簡単に言うと、データから学習し、データの背景にある法則を導き出すことができます。ディープラーニングは、何を学習するべきかをデータから学習することができます。このような学習する AI に、インターネット技術の普及により得られるようになった大量のデータを投入することで今までにない問題解決の方法が生まれました。このような、学習アルゴリズムと大量データの組み合わせが、新たなイノベーションへの期待を高めているのが、現在の第 3 次 AI ブームであると言えるでしょう。

　さらに、2022 年 11 月、画期的なサービスである ChatGPT が公開されました。ChatGPT は、OpenAI によって開発された対話型人工知能であり、人間のような自然な発話を生成する画期的な AI モデルです。当初から、多くの分野で活用が進み、情報検索や問題解決、創造的なアイデアの提供など、多岐にわたる用途で注目を集めました。同時期に、画像生成や音楽、動画生成の技術も発展し、これらは生成 AI として、新たなブームを作り出す可能性がありま

す。このような技術は、人々の生活やビジネスにおけるコミュニケーションの
あり方を革新することが期待されるとともに、これまでに我々が経験しなかっ
たような社会問題を生み出す可能性も議論されています。

　このような現在において、これからの社会科学に携わる人間に求められるも
のは何でしょうか？皆さんそれぞれに考えてほしいと思っています。

演習 1-1　AI の歴史とこれから

　人工知能の歴史、または、現在、実社会でどのように AI が用いられてい
るのかを踏まえて、今後の人工知能はどのように発展していくのか予想し
てみましょう。また、皆さん自身の専門分野とどのようにかかわるかを考
えてみましょう。

参考文献

- 人工知能学会　What's AI
  https://www.ai-gakkai.or.jp/whatsai/

- Nils J. Nilsson. *The Quest for Artificial Intelligence.* Cambridge University Press, 2009.

- Stuart J. Russell and Peter Norvig. *Artificial Intelligence: A Modern Approach.* Prentice Hall, 2020.

2 プログラミングの基礎

2.1 初めてのプログラム

　本書の内容は、プログラミング言語 Python3 を iPython Notebook から走らせることを前提としています。このためには、自分の PC に Anaconda (`https://www.anaconda.com/`) をインストールして、Jupyter Notebook を使うか、Google Colaboratory を使うかの選択肢がありますが、簡単のため、Google Colaboratory を使うことを前提に話を進めます。

　Google Colaboratory は、Google Research が提供するブラウザ上で Jupyter Notebook と同等の機能が無料で実現できるサービスです (`https://colab.research.google.com/notebooks/welcome.ipynb?hl=ja`)。アクセスするだけで、notebook 環境が使えます。実行時間などに制限はありますが、無料で GPU などの計算資源が使えます。Google アカウントとインターネット環境があれば、すぐに使えるため非常に便利です。Colaboratory の右上の「ファイル」メニューから「ノートブックを新規作成」を選んで新しいノートブックを作ってください（図 2.1）。

　現れたウィンドウにセルと呼ばれる四角形があります。1 つのノートブックはセルの集まりで、セルにはプログラムを書き込むコードセルとリッチテキスト（画像、HTML、LaTeX も）が書き込めるテキストセルがあります。コードセルでは、プログラムを部分的に実行していくことで対話的にプログラムを作ることができ、極端にはプログラムを 1 行ずつ違うセルに書いて、いちいち結果を確認しながらプログラミングを進めることもできます。テキストセルも使うことで 1 つのファイルにテキストと実行可能なコードをわかりやすく記述できます。

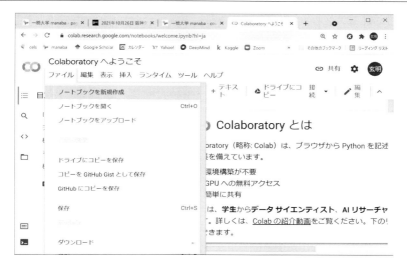

図 2.1

2.2 Hello World!

プログラムは、簡単に言うと、コンピュータに対する命令としての計算を記述したものです。例えば、文字列を返す関数 print を使って最初のプログラムを Python3[※1] で作ってみましょう。

```
1  print ("Hello, World")
```

プログラミングの慣例に従って、Hello World と出力するプログラムから始めましょう。上の通りに、打ち込んでください。Colaboratory では、Enter キーで改行し、Ctrl + Enter でセルを実行し、Shift + Enter でセルを実行して次のセルに移ります。また、実行ボタンをクリックする、あるいは、メニューの「ランタイム」から選択することでも、セルを実行することができます（図2.2）。プログラムを書いていくときに、いちいちセルを作るのは面倒なので通常は Shift + Enter で実行するのがいいと思います。それでは、実行してみましょう。最初は、少しだけ接続のため時間がかかります。どうでしょう？ 図2.3 のようになりましたか？

[※1] Python3 の情報はこちら (https://www.python.org/) です。関数の詳細など気になるときは、確認してください。

図 2.2 google colaboratory の画面

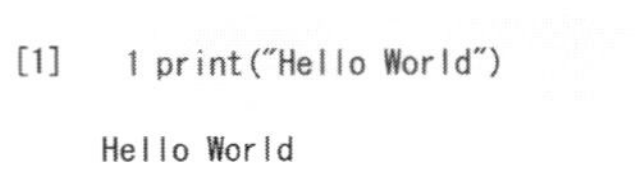

```
[1]  1 print("Hello World")
     Hello World
```

図 2.3

　print() のかっこの中に""をつけて文字を書いておくとその通りの文字列が下に表示されます。違う文字でも試してみてください。これは、print() という関数を使っています。関数とは、数学の関数と同様、入力を与えると、特定の処理をして結果を出力として返すものを指します。プログラミングにおける関数では、入力や出力が必ずしも存在しなくてもいいことになっています。関数への入力は引数と呼ばれ、かっこの中に記述します。print() は、入力を標準出力に出力するだけの関数です。

　さて、このままだと、あらかじめ決まった文字を返すだけです。あまり面白くありません。ユーザーの入力に応じて、出力を返すようにしてみましょう。

```
1 a=input()
2 print("hello,"+a)
```

　これを実行すると、空欄のテキストボックスが出てきます。ここに文字を入れて、Enter を押してみてください。

input() はキーボードから 1 行の文字列を読み込む関数です。1 行目で読み込んだ文字列を a という変数に代入しています。そして、最後に hello と「a の中身」を足したものを出力しています。

変数とは、数値を入れる入れ物のようなものをイメージしてください。上のプログラムの 1 行目では、a という名前の入れ物に、input() 関数で読み込んだ文字列を代入しています。プログラムを作るとき、変数は自由に作ることができますし、その名前も自由につけることができます[※2]。また、文字列において "+" は連結、"=" は代入を意味し、このような操作を行う記号を演算子と呼びます。

次に、以下のコードを試してみましょう。

```
1 a=input("名前を入れてね")
2 print("hello,"+a)
```

キーボードから文字を読み込んで、処理をした結果を表示することができるようになりました。かしこいプログラムの第一歩です。かしこい機械は、入力を読み込んで、それを処理して、結果を出力します。我々が目や耳で感じたものを、頭の中で処理して、答えを出すのと同じです。あとは、かしこい処理をするだけです。次は、かしこそうに見える科目の代表である算数をやらせてみましょう。

2.3　データの型

関数 input() は、1 行の文字列を読み込む関数でした。input() で読み込まれたものは、そのままでは文字列です。数値ではありません。

次のコードを試してみましょう。a, b にそれぞれ数字を入れてみてください。a と b の和を計算しようと書いたプログラムです。どのようになるでしょうか？

ナンバーサイン (#) 以下はコメントと呼ばれ、プログラムでは無視されます。複雑なプログラムを書くときは、コメントを書くことで読みやすく、わかりやすくすることで間違いを防ぎます。

[※2] 予約語と呼ばれる、あらかじめプログラム内で特別な意味を持つように決められた名前を避ける必要はあります。例えば、print という変数名を使うと print() 関数が使えなくなります。

_10_   第 2 章　プログラミングの基礎

```
1  a=input() # 例えば 3
2  b=input() # 例えば 4
3  print(a+b) # 34
```

　これでは、計算がされません。3 + 4 が 34 になってしまいました。これは、
a, b が文字列であるためです。文字列に対して演算子 "+" は、上で見たように
文字列には連結の操作なので、2 つの文字をつなげるだけです。

　我々にとって、整数の 3 も文字の "3" も実数の 3.000... の略としての 3 も、
本当はちょっとずつ意味合いが異なりますが、同じように「さん」と呼んで、
日常的にはことさら区別することはありません。しかし、コンピュータにとっ
ては、これらは全く異なるものであり、全く違うように見えています。コン
ピュータにわかるように、文字列を整数に変換してあげる必要があります。文
字列を整数に変換するには、int() 関数を使います。使ってみましょう。

```
1  a=input() # 例えば 3
2  b=input() # 例えば 4
3  a=int(a) # aを整数にした値aに代入
4  b=int(b) # bを整数にした値bに代入
5  print(a+b) # 7足し算されました。
```

　これで整数 a と整数 b の和が計算ができました。3 行目で、変数 a の中身を
int() 関数で整数に、また a に入れなおしています。4 行目も同様です。1〜4
行目を次のように縮めて書くこともできます。

```
1  a=int(input()) # 例えば 3
2  b=int(input()) # 例えば 4
3  print(a+b) # 7
```

　このように、プログラム上では、文字列、整数、小数のように、異なる種類
のデータが扱われます。このようなデータの種類をデータ型と呼びます。デー
タ型が異なると、我々にとっては同じような表現でも、コンピュータの中では
全く異なる表現がされているとおぼえておいてください。

　当面は、以下の表 2.1 に挙げた関数を知っていれば、先に進むことができま
す。とりあえずは、データ型に気をつけてください。

表 2.1 データ型変換のための関数　小数は浮動小数と呼ばれる形でコンピュータでは表現される。真偽値は `True` もしくは `False` の値をとる。

データ型	変換
文字列	`str()`
真偽値	`bool()`
整数	`int()`
浮動小数	`float()`

2.3.1　いろいろな計算

▌算数に挑戦▐

以下の演算子を使って、計算をやってみましょう。

表 2.2　Python の算術演算子

算術演算子	意味
+	加算
-	減算
*	乗算
/	除算
%	剰余（a%b で a を b で割った余りを返す）
**	累乗
//	整数除算

例題 2-1　1 つの入力を `input()` で読み込んで、その二乗の数を返すプログラムを作ってみましょう。

解答例

```
1  a=int(input())
2  print(a*a)
```

12   第 2 章　プログラミングの基礎

例題 2-2　2 つの整数を input() で読み込んで、それらの和を返すプログラムを作ってみましょう。

解答例

```
1  a= int(input())
2  b= int(input())
3  print(a+b)
```

（別解）

　こちらも試してみましょう。map という関数を用いることにより、3 4 のように半角空白を入れた 2 文字を a, b に代入します。

```
1  a,b = map(int, input().split())   #split()は、区切り文字や
       空白で文字列を分割する
2  print(a+b)
```

* a, b = map(int, input().split()) で空白で区切られた 2 文字を a, b に読み込むことができます。

組み込み関数 map() の使い方を公式ページで調べてみましょう。

　https://docs.python.org/ja/3/

ついでに次の問題で使う float() も確認してみましょう。

例題 2-3　身長と体重を入力すると BMI を以下の式を使って計算してくれるプログラムを作ってみましょう。

$$\text{BMI} = \text{体重 (kg)}/(\text{身長 (m)} \times \text{身長 (m)})$$

* 小数を読み込むには、float(input()) とします。

解答例

```
1  W=float(input("体重は？"))
2  H=float(input("身長は？"))
```

```
3  BMI=W/(H*H)
4  print(BMI)
```

いくつかの問題に取り組んでみましょう。

演習 2-1　べき乗計算

空白で区切られた 2 つの数値 x, n を input() で読み込んで、x の n 乗を返すプログラムを作成してください。

〈入力例〉

5 3

〈出力例〉

125

演習 2-2　周の長さと面積

円の半径 r を input() で読み込み、その円周の長さと面積を出力するプログラムを作成してください。円周率は 3.14159 とします。

* print(A,B) で A B と 2 つの数を返すことができます。

演習 2-3　時間計算

秒単位で与えられた時間 x 秒を input() で読み込んで、h 時間 m 分 s 秒の形で出力するプログラムを作成してください。

2.3.2　制御構文 ──条件分岐と繰り返し──

条件分岐 (if ～ elif ～ else)

ある条件を満たす場合と満たさない場合で違う処理を行いたい場合に、条件を分けて式を書くことができます。条件は比較演算子を使って表します（表 2.3）。比較における等号は == です。計算における = と混同しないようにしましょう[3]。

---

[3] '=' はプログラミングにおいては代入の意味です。「A と B が等しいとき」のように、比較をしたいときは A==B と書きます。

14   第 2 章 プログラミングの基礎

表 2.3 Python の比較演算子

比較演算子	意味
a==b	a と b が等しい
a!=b	a と b が異なる
a<b	a が b より小さい
a>b	a が b より大きい
a<=b	a が b 以下
a>=b	a が b 以上
a<>b	a と b が異なる

「a==b かつ b==c」は、「a==b and b==c」、「a==b または b==c」は、「a==b or b==c」のように、and（かつ），or（または）を使って、複数の条件を組み合わせることもできます。

それでは、相手の身長を聞いて、違う反応を返すプログラムを書いてみましょう。

```
1 a=int(input("身長を入力してください"))
2 if a>180:      # 180cm 以上の場合は以下の処理
3     print("高いですね")
4 elif a>170:        # 180以下で170以上の場合は以下の処理
5     print(str(a)+"cmか...")
6 else:        # 上の場合分けに入らない場合はすべてここ
7     print("ふーん")
```

条件式のあとのコロンを忘れないように気をつけましょう。

また、インデント（字下げ）されているところが分岐された処理です。Pythonでは、一塊のプログラムの区切りを表すのにインデントを使います。Pythonでインデントはとても重要です。

次の 2 つを比べてみましょう。

インデント 1

```
1 a=int(input("身長を入力してください"))
2 if a>175:
3     print("高いですね")
```

```
4  else:
5      print("ふーん")
6      print("まあまあだね")
```

インデント 2

```
1  a=int(input("身長を入力してください"))
2  if a>175:
3      print("高いですね")
4  else:
5      print("ふーん")
6  print("まあまあだね")
```

インデント 1 では、最後の文字列は a < 175 のときだけ表示されますが、イ
ンデント 2 では、最後の文字列は条件分岐の外にあるので、どちらの場合でも
表示されます。

演習 2-4　大きさ比べ

2 つの数値を入力として読み込み、それらを小さい順に並べ替えて出力す
るプログラムを作成してください。

　〈入力例 1〉

　45 20

　〈出力例 1〉

　20 45

　〈入力例 2〉

　1145 567

　〈出力例 2〉

　567 1145

演習 2-5　相続人アプリ

死んだあと、財産の相続を誰がするのかは、図 2.4 のような簡単なルール
で決まります。これをもとに、いくつかの質問に答えることで、相続人が
誰かを出力するように以下のプログラムの続きを入力して完成させてくだ
さい。

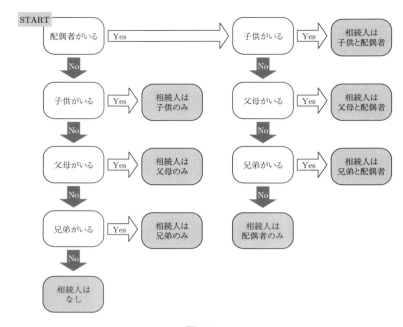

図 2.4

```
1  print("配偶者はいますか？")
2  a1=input("yes または noと打ち込んでください")
3  if a1=="yes":
4    print("子供はいますか？")
5    a2=input("yes または noと打ち込んでください")
6    if a2=="yes":
7      print("相続人は配偶者と子供です。")
8    else:
9  #  続きを書いてください
```

繰り返し 1 (while 文)

　同じ計算を繰り返したい場合には、while を使った構文と for を使った構文の 2 種類があります。while 文は、以下のように while のあとの条件式を満たす場合には while 以下の処理を繰り返します。

```
1  x=100
2  count=0
3  while x>0:  #  コロンを忘れない
4    x=x-5  #  1周ごとに x が 5 ずつ小さくなる。xが x>0を満たさなくなると
           繰り返しをやめる
5    count=count+1  #  count繰り返し回数を表す
6  print(count)
```

4, 5 行目は、数学では使わない式なので気持ち悪く感じるかもしれません。プログラミングでは "=" は代入の操作を意味しますので、x=x-5 は x から 5 引いたものをまた x に入れるということで、x を 5 小さくするという操作です。繰り返すごとに x は 5 ずつ小さくなります。

上のプログラムでは、100 から 0 になるまで 5 ずつ引いていって、その繰り返し回数を数えています。$100 \div 5$ を繰り返しで表現したプログラムです。このように、while 文ではある条件を満たす場合に、処理を繰り返す形で反復処理ができます。

▌繰り返し 2 (for 文) ▌

while 文では処理を繰り返すかどうかを決める条件を与えました。一方で、繰り返しが回数で与えられる場合もよくあります。このような場合は for を使うのが便利です。

for （変数） in range(N):

の形で書くことで、N 回の繰り返しがされ、繰り返し中、変数が $0 \sim N-1$ に増加します。これを使って、0 から 99 までの数字を出力するプログラムは以下の通りです。

```
1  for i in range(100):
2    print(i)
3
4  # 参考（whileを使う場合）
5  i=0
6  while i<100:
7  print(i)
8    i=i+1
```

```
9  # 1周ごとに i が 1ずつ大きくなる。i が i<100を満たさなくなると繰り返
       しをやめる。
```

それでは練習しましょう。

演習 2-6　自然数の和

繰り返しを使って、1 から 100 までの整数の和を求めるプログラムを作ってみましょう。

演習 2-7　たくさんのこんにちは

1 つの正の整数 n を input() で読み込んで、n 個の "Hello World" を出力するプログラムを作成してください。

break と continue

break 文は、最も内側の for または while ループを中断します。ループ文は else 節を持つことができます。これは、繰り返しが終了したときに実行されますが、break 文でループが終了したときは実行されません。これらを使うと、より複雑な繰り返しが可能になります。次のプログラムで確認しましょう。

```
1  for n in range(2,10): # nは繰り返しの中で2から9まで
2      for x in range(2, n):
3          if n % x == 0: # 1つでも割り切れるものがあったら
4              print(n, "は素数ではありません") # 素数ではないので
5              break # 繰り返しを抜ける
6      else:
7          print(n, "は素数です")
```

continue 文は、ループの次の繰り返しを実行します。下の奇数か偶数かを調べるプログラムで確認してみてください。

```
1  for num in range(2, 10):
2      if num % 2 == 0:
3          print("偶数です", num)
4          continue
5      print("奇数です", num)
```

2.3 データの型　　19

条件分岐と繰り返しの両方を使う

演習 2-8　fizzbuss 問題

　ルール：数人で円状に座り、1 人目は「1」、2 人目は「2」と順に発言していく。ただし、3 で割り切れる場合は「fizz」、5 で割り切れる場合は「buzz」、両者で割り切れる場合は「fizzbuzz」を数字の代わりに発言しなければならない。発言を間違えた者や、ためらった者は脱落となる。このゲームを正しく 100 まで行った場合の発言を出力するプログラムを作ってください。例）1, 2, fizz, 4, buzz, fizz, 7, 8, fizz, buzz, 11, fizz, 13, 14, fizzbuzz, 16…の順で 100 まで出力する。

演習 2-9　コラッツ予想

　コラッツ予想は数学の未解決問題で、ある数 n が与えられたとき、

$$n が偶数のときは、n を 2 で割る$$

$$n が奇数のときは、n に 3 をかけて 1 を足す$$

という処理を繰り返すと、必ずいずれ 1 になるという予想です。例えば、$n = 6$ のとき、$6 \to 3 \to 10 \to 5 \to 16 \to 8 \to 4 \to 2 \to 1$（そのあとは $1 \to 4 \to 2 \to 1$ を繰り返す）となり 7 回の処理で 1 に到達し、このとき現れる数列をコラッツ数列と呼びます。

　n を input() で読み込んで、n から始まり、最初の 1 で終わるコラッツ数列を出力するプログラムを作成してください。

演習 2-10　計算機

　2 つの整数 a, b を読み込み、そのあと +, -, *, / のいずれかを input() で読み込んで、それぞれ $a + b, a - b, a \times b, a/b$ の計算結果を出力するプログラムを作成してください。

　＜入力例＞

　5 4

　+

　＜出力例＞

　9

　＜入力例＞

20   第2章　プログラミングの基礎

9 3

/

＜出力例＞

3

演習 2-11　石取りゲーム

　21 個の石が机に置かれています。2 人のプレーヤーが、1〜3 個の石を交互に取っていって、最後の石を取ったほうが負けというゲームができるプログラムを作成してください。ユーザーが先手番、プログラムが後手番として、必ずプログラムが勝つようにしてください。

　これは必ず後手が勝つことができるゲームです。後手は、先手の取った石とあわせて 4 になるように石を取ります。そうすると、後手は（4 の倍数）個目の石をいつも取ることになり、5 週目に 20 個目の石を後手が取ることになり、次に 21 個目を先手に取らせることができます。

2.3.3　配列：リスト

配列の操作

　Python ではリストを使って、配列を作ることができます。配列は、ざっくり言うとデータの塊のことです。多くのデータをひとまとまりに扱うことができると便利な場合がよくあります。例えば、下のように numofdays という配列を作ります。この配列には、1〜12 月の各月の日数が要素として、格納されています。

numofdays=[31,28,31,30,31,30,31,31,30,31,30,31]

　このようにすると、numofdays[0]=31（1 月の日数），numofdays[1]=28（2 月の日数），numofdays[2]=31（3 月の日数）という風にアクセスできます。配列のインデックスが 0 から始まっていることに注意してください。これにより、numofdays[n-1] とすることで、n という変数を変えるだけで、各月の日数にアクセスできます。それでは配列を使って、1 問、考えてみましょう。

2.3 データの型 21

例題 2-4 カレンダー算

6 月 6 日の 100 日後は何月何日でしょうか？ 答えを出力するプログラム
を作成してください。

解答例

```
1  numofdays=[31,28,31,30,31,30,31,31,30,31,30,31]
2  m=6
3  d=6
4
5  remain=100+6
6
7  while remain>numofdays[m-1]:
8    remain=remain-numofdays[m-1]
9    m=m+1
10 print(m, "月",d,"日")
```

演習 2-12 もういくつねると？

m 月 d 日から、いくつ眠るとお正月になるでしょうか？ m と d を input()
から読み込んで、日数を出力するプログラムを書いてください。

また、len(), max(), min(), len() などのメソッドが使えます。以下によ
く使う配列の操作をまとめました。実際に走らせて確認してみましょう。

```
1  # 配列の作成
2  list0=[] # 要素数 0の配列。Appendで要素を追加
3  list1=[0]*3 # 要素数 3、0で初期化された配列
4  list1=[0 for i in range(3)] # 上と同じ
5  list1=[1,5,6]
6  # 要素へのアクセス
7  print(list1) # [1,5,6]
8  print(list1[0]) # 1
9  print(list1[2]) # 6
```

22　第 2 章　プログラミングの基礎

```
10  # 要素の入れ替え
11  list1[0]=3
12  print(list1) # [3,5,6]
13  # 要素の追加
14  list1.append(100)
15  print(list1) # [3,5,6,100]
16  list1.remove(100)
17  print(list1) # [3,5,6]
18  # 配列同士の連結
19  list2=list1+[7,8,4,2]
20  print(list2) # [3,5,6,7,8,4,2]
21  list3=[7,8,4,2]
22  print(list1+list3) # [3,5,6,7,8,4,2]
23  # 要素へのアクセス 2
24  print(list2[:]) # [3,5,6,7,8,4,2]、すべての要素
25  print(list2[3:]) # [7,8,4,2]、3より後ろの要素
26  print(list2[3:6]) # [7,8,4]、3~6までの要素、list2[3],list2[4],
        list2[5]
27  # 簡単な計算
28  print(len(list2)) # 7、配列の長さ
29  print(max(list2)) # 8、最大値
30  print(min(list2)) # 2、最小値
31  print(sum(list2)) # 35、合計
32  print(sorted(list2)) # [2,3,4,5,6,7,8]、並べ替え
```

もう少し問題を解いてみましょう。

演習 2-13　テストの点数

複数の生徒のテストの点数が空白区切りで与えられたとき、これらの点数の最高点、最低点、平均点を整数で出力するプログラムを作成してください。

〈入力例 1〉

10 12 20 8 15

〈出力例 1〉

20 8 13

〈入力例 2〉

64 33 56 78 45 28 98 100 83 86 93 92 59 61 88

〈出力例 1〉

100 28 70

* min(), max(), sum(), len() を使う

多次元配列

配列の要素は、文字列でも数値でもいろいろなデータを入れることができます。配列の要素を配列にすることもできて、2次元配列と呼ばれます。例えば、lst=[[11,12,13],[21,22,23],[31,32,33]] のように作ります（図2.5）。この配列の 0 番目の要素 lst[0] は [11,12,13] という配列です。この中の 1 番目のデータである 12 にアクセスするには lst[0][1] と書けば OK です。このような感じで、print(lst[2][1]) は 2 番目の要素 [2] の配列の 1 番目 [1] を指すので 32 になります（配列のインデックスは 0 からです。注意してください）。xy 平面上の座標のように 2 つのインデックスで 1 つのデータを指定できるので、2 次元と考えることができ、2 次元のデータを格納することができます。下図のようにイメージしてください。表のように扱ってデータ処理に使ったり、それぞれの要素を各ピクセルの明るさだと思えば画像になりますし、さらに行列やベクトルも表すことができます。

	0	1	2
0	11	21	31
1	12	22	32
2	13	23	33

図 2.5 2 次元配列 list=[[11,12,13],[21,22,23],[31,32,33]] のイメージ

演習 2-14　テストの点数

N 人の生徒、科目（国語、算数、理科、社会）のテストの点数が与えられたとき、これらの点数の各科目の平均点を整数で出力するプログラムを作成してください。最初に N が 1 行で与えられ、そのあとの N 行で各生

徒の国語、算数、理科、社会の点数が空白区切りで与えられます。出力は
国語、算数、理科、社会の平均点を空白区切りで1行で出力してください。

〈入力例1〉

3

40 50　20 20

60 90　87 95

92 91 100 95

〈出力例1〉

64 77 69 70

〈入力例2〉

5

　39 46　44　40

100 95 100　81

　36 50　45　46

100 93　87 100

　90 86　75 100

〈出力例2〉

73 74 70 73

▓ 超簡易版 Logic Theorist ▓

　人工知能が生まれた会議、ダートマス会議において、心理学者ニューウェル
とサイモンが発表したのが Logic Theorist と呼ばれるプログラムで、世界で
初の人工知能プログラムと呼ばれることもあります。Logic Theorist は、数学
基礎論の教科書、ホワイトヘッドとラッセルの「数学原理」にある 52 個の定
理のうち 38 個を証明することができました。Logic Theorist は、基本的には、
証明したい命題の前提から始めて、公理に従って、演繹的に論理をつないでい
くことを証明の命題の帰結に至るまで繰り返したようです。

　公理は、「A ならば B である」、「B ならば C である」といった命題の形をと
ることにします。一般的ではありませんが、ここではこれを配列を使って、以
下のように記述することにします。

```
pre  = ["A", "B"]
post = ["B", "C"]
```

　前提 pre[i] に対応する帰結は post[i] となっています。このように書く
ことで、複数の前提と帰結を配列のインデックスでつなぐことができます。次
に、例えば、命題「A は C である」の真偽を確かめたいとき、まずは確かめた
い命題の前提、"A" を pre の中から探します。ここでは、pre[0] を見つけま
す。この帰結は post[0] である、"B" です。次に、"B" を pre の中から探し
ます。このように、pre の中で前提を探し、対応する post を次の前提として
いくことで、公理の中の論理を前向きにたどっていくことができます。このよ
うな推論を前向き推論と呼びます。この例では、pre[1] が "B" であり、対応
する post[1] が"C"なので、「"A" ならば "C"」が証明できたことになります。
　ここでは、前向き推論のみを扱い、AND や OR を含む前提や帰結にも対応
せず，「任意の〜」と「ある〜」の区別もしないことにします。だから、解け
ないものもたくさんありますが、下の 6 つの公理を使って、3 段論法の例で有
名な「ソクラテスは死ぬ」(「ソクラテスは人間」→「人間は動物」→「動物は
死ぬ」) を証明します。ソクラテスから始めて、30 回ランダムに推論を行い、
「死ぬ」にたどり着くかどうか試します。それを 20 回繰り返してすべて、「死
ぬ」に至らなければ、証明できなかったことにします。

1.　ソクラテス ⇒ 人間
2.　人間 ⇒ 考える葦
3.　ソクラテス ⇒ サッカー選手
4.　人間 ⇒ 動物
5.　動物 ⇒ 弱肉強食
6.　動物 ⇒ 死ぬ

この公理の関係性は図 2.6 のようになります。このプログラムでは、このよ
うな空間内を、「ソクラテス」から出発してランダムに歩き回り、最終的に「死
ぬ」に 30 ステップ以内にたどり着くかどうかを試していることになります。こ
のような空間を問題空間と呼び、ありうる状態を、可能な遷移規則でつないだ
ものですので、あらゆる問題（ゲームやパズルでも）で問題空間を描くことが
できます。このように作られた問題空間から、経路を探索するということが問
題を解くということにあたります。ここでは、ランダムに移動していますが、

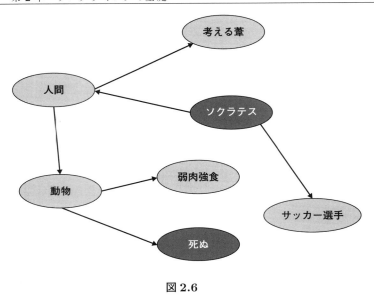

図 2.6

規則的に移動して、すべてをくまなく調べることもできます（3章参照）。このような方法が、初期の人工知能の典型的な手法と言えるでしょう。

```python
import random
# 公理は以下のように2つの配列に入れておく
axiom_pre=["ソクラテス","人間","ソクラテス","人間","動物","動物"]
axiom_cons=["人間","考える葦","サッカー選手","動物","弱肉強食",
    "死ぬ"]

# ソクラテス => 死ぬ
proposition_pre="ソクラテス"
proposition_cons="死ぬ"

X=proposition_pre # Xを公理から探して、見つかったら入れ替える
print(X)
patiance=20 # あきらめるまでの回数です
while True:
  patiance=patiance-1
  flag=0
```

```
16   for i in range(30): # いろいろ考えてみる回数
17     p=random.randint(0,len(axiom_pre)-1) # ランダムに1つ
            公理を選ぶ
18     if axiom_pre[p]==X: # 選んだ公理の前提がXに等しければ
19       print("=>",axiom_cons[p]) # プリントして
20       X=axiom_cons[p] # Xを選んだ公理の帰結にする
21       if X==proposition_cons: # Xが命題の帰結と一致したら
22         flag=1
23         break
24   if flag==0: # いろいろ考えても見つからなかった場合
25     if patiance<1: # もし忍耐が0なら
26       print("/////////////")
27       print("あきらめた")
28       print("/////////////")
29       break
30     else:
31       X=proposition_pre # 最初に戻る
32       print("---------やりなおし----------")
33       print(X)
34   else: # 見つかっていたら終わり
35     break
```

参考文献

（Python について）

- 森畑明昌『Python によるプログラミング入門　東京大学教養学部テキスト』（東京大学出版会，2019）

- 喜多一・森村吉貴・岡本雅子『プログラミング演習 Python 2021』（京都大学学術情報リポジトリ KURENAI，2021）
  http://hdl.handle.net/2433/265459

- 渡部有隆『オンラインジャッジではじめる C/C++プログラミング入門』（マイナビ出版，2014）

- 渡部有隆『プログラミングコンテスト攻略のためのアルゴリズムとデータ構造』（マイナビ出版，2015）

28   第 2 章　プログラミングの基礎

- 秋葉拓哉・岩田陽一・北川宜稔『プログラミングコンテストチャレンジブック
  第 2 版』（マイナビ出版，2012）

（競技プログラミング関連サイト）

- AtCoder
  `https://atcoder.jp/`
  日本のプログラミングコンテストサイトです。ぜひチャレンジしてみてくださ
  い。この授業の内容でもそこそこ戦えるはず。

- Cordforces
  `http://codeforces.com/`
  こちらも世界的なコンテストサイトです。

- POJ　（北京大学オンラインジャッジ）
  `http://poj.org/`

- szkopul
  `https://szkopul.edu.pl/contest/`

（コンテスト）

- ICPC 国際大学対抗プログラミングコンテスト
  `https://icpc.global/`
  3 人 1 組でやる大学生のプログラミングコンテストの世界大会です。

- ICPC 日本サイト
  `https://icpc.iisf.or.jp/`

付録　タプルとディクショナリー

　配列を作るためにリストを使いました。データを順番に並べて記憶するデー
タ構造がリストです。リストのほかに、複数のデータを管理するデータ構造と
してタプルとディクショナリーがあります。

▌タプル▌

　タプルは、いくつかのデータをまとめておくために使います。タプルはリス
トと似たデータ構造ですが、要素を変更することができません。

```
1  # 名前、年齢、身長をまとめてタプルにする
2  t1=("のび太",11,140)
3  t2=("カツオ", 12, 145)
```

```
4  # 要素へアクセス。リストと同じようにアクセスできる
5  print(t1[2])
6  print(t2[0])
7  # 要素は変更できない
8  t1[0]="鬼太郎" #エラー
9  t2[1]=20 #エラー
```

タプルでしかできないことはほとんどなくて、だいたいの場合はリストで済むのですが、例えば、変更を許可したくない関数の引数などに使われます。また、リストよりもメモリ使用量が少ないという利点もあります。

■ディクショナリー■

例えば、テストの点数を記録しているときに、以下のように生徒の名前で点数が呼び出せると便利です。

$$dict["福田"] \rightarrow 30$$

$$dict["のび太"] \rightarrow 0$$

リストでは、順番にデータが保管されているので、0から始まるインデックスでデータを呼び出しましたが、このインデックスの代わりにキーと呼ばれる名前でデータを呼び出せるのがディクショナリーです。

```
1   # ディクショナリーを作る
2   dict={"福田":30, "のび太":35}
3   print(dict["福田"]) # 30、名前をキーにして点数が呼び出せる
4   print(dict["のび太"]) # 35
5   # アイテムを追加
6   dict["カツオ"]=90
7   print(dict)
8   # 値の変更
9   dict["カツオ"]=25
10  print(dict)
11  # アイテムの削除
12  del dict["福田"]
13  print(dict)
```

3 プログラミングによる問題解決

　昔のアメリカの情報科学の教科書に、コンピュータというのは、ものすごく速く単純作業ができるけれども、とても頭の悪い事務職員が書類整理をしているようなものだと書いてありました。プログラミングはコンピュータに直接命令を出す方法です。つまり、プログラミングで問題を解決するということは、作業は速いけれども頭の悪い事務職員に思い通りの作業をさせるための工程表を作るということだと思って、おおむねいいと思います。

　人工知能といっても、コンピュータ自体はそもそも知的ではありません。それにあたかも知的であるかのようにふるまわせる命令を作るのがプログラマーのやることだと思ってください。

3.1　繰り返し計算による問題の解決

3.1.1　くまなく探すと必ず見つかる

　プログラミングで問題を解決する方法の一番基本的な方法は、繰り返し計算ですべてをくまなく調べることです。コンピュータが頭は悪いけどとても作業が速いだけのものだと思ってみると、当然のことでしょう。それではやってみましょう。皆さんの大好きなつるかめ算から始めましょう。

> **演習 3-1**
> 　つるとかめが合わせて 30 匹います。足の数の合計は 84 本です。つるとかめはそれぞれ何匹いるでしょう？

　つるかめ算はこんな感じだったと思います。小学生がこの問題を解くとき、頭の中でいろいろなことを考えます。「30 匹全部かめだとしたら、足の数は…」とか「かめ 1 匹がつるに置き換わったら、合計が 2 本減るから…」とか、そんな感じでしょう。

しかし、コンピュータは頭が良くないので考えることができません。でも計算は、小学生と比べるととてつもなく速いです。だから、考える代わりに調べつくすことができます。つるとかめは合計30匹なので、つるとかめはどちらも30匹よりは少ないでしょう。つるとかめそれぞれが、0〜30匹のうちのどれかの値をとる場合のすべての組み合わせは、たかだか31×31で1000通りもありません。これくらいは、コンピュータなら一瞬です。

このように、速さを活かして力ずくで解くのがコンピュータが得意な解き方です。具体的なプログラムは以下の通りです。2重のforループを作ることで、つるの数を0〜30まで変化させながら、その繰り返しの中で、かめの数を0〜30まで変化させることですべての組み合わせを調べています。

```
1  for i in range(31): # つるの数を 0〜30まで調べる
2      for j in range(31): # かめの数を 0〜30まで調べる
3          asi=2*i+4*j # 足の数
4          goukei=i+j # つるとかめの合計
5          if asi==84 and goukei==30: # 足の数が 28本で合計 30匹の
               とき
6              print("かめの数: ",str(j)," つるの数: ", str(i))
```

* break 文を使って、答えが見つかったらループから抜けることで、繰り返し回数を減らすことができます。余裕のある人は試してください。

演習 3-2　年齢算

現在、妹は10歳、姉は15歳、母は45歳です。姉妹の年齢を足すと、母の年齢と等しくなるのは何年後ですか。

演習 3-3

空白区切りで、2つの整数nとxが与えられます。1からnまでの数の中から、重複なしで3つの数を選びそれらの合計がxとなる組み合わせの数を求めるプログラムを作成してください。

32　第 3 章　プログラミングによる問題解決

例題 3-1　$\sqrt{2}$ の小数による近似を精度 0.0001 で求めましょう。

解答例

　解は $0 \sim 2$ の間にあるので、二乗した値が 2 を超えるまで、0 から 0.0001 ずつ足していけばいい。

```
1  x=0
2  e=0.0001
3  while x*x<2
4      x=x+e
5  print(x)
```

演習 3-4

　2 次関数 $f(x) = -(x - 2)(x + 3)$ の最大値を求めてください。精度は 0.0001 とします。

3.1.2　繰り返し回数の見積もり

　例えば、例題 3-1 のコードでは、4 行目の計算が多く見積もってもたかだか 20000 回（実際には 14141 回）行われる。つるかめ算のところでは、10000 回を一瞬と書きました。実際にはどの程度の計算までできるかというと、1000 万回（10^7 回）くらいになると数秒で終わらせるのは厳しくなってきます。1000 万という数字はとても大きなものですが、組み合わせ数が膨大になるような問題ではすべてを調べることはできなくなってしまいます。そういうときには、プログラムを工夫する必要が生じます。

演習 3-5　売上金額

　あるお店には、税込み価格 100 円、170 円、230 円の 3 種類の商品があります。1 日の売り上げ個数 N $(0 < N < 1000)$ と売り上げ金額 P が報告されますが、たまに、この P はありえない数を報告することがあります。この店で、N 個の商品の合計が X 円になることがありうるのか、ありえない

のか判定するプログラムを作成してください。N と X は 1 行で空白区切りで与えられます。ありうる場合は、"OK" と出力し、ありえない場合は、"impossible" と出力してください。

〈入力例 1〉

48 7510

〈出力例 1〉

OK

〈入力例 2〉

773 28900

〈出力例 1〉

impossible

N は 1000 までの値をとりうるので、最大、それぞれの商品につき 1 ～ 1000 までのすべての組み合わせを試すことになり、この組み合わせは $1000 \times 1000 \times 1000 = 1000000000$ 通りとなり、計算が終わりません。

3 つの整数 (x, y, z) の和が 1000 なので、$z = N - x - y$ として、2 重ループで解決すると、$1000 \times 1000 = 1000000$ 通りでこれなら可能です。

演習 3-6　8 Queen 問題

チェスのクイーンは、縦横ななめいずれの方向にも好きなマス数だけ進めます。いま、それぞれのクイーンの移動経路に別のクイーンが乗らないように、8 個のクイーンを 8 × 8 の盤上に置きたいと思います。何通りの置き方があるでしょうか？

すべての可能な置き方を調べると、$64 \times 63 \times 62 \times 61 \times 60 \times 59 \times 58 \times 57 = 178462987637760$ 通りの置き方を試すことになり、計算が終わりそうにありません。そこで工夫が必要です。

クイーンの動きとルールを合わせて考えると、1 つのクイーンを置いたとき、同じ列に別のクイーンが置かれることはないはずで、各列に 1 つずつのクイーンが置かれることになります。

そうすると $8 \times 7 \times 6 \times 5 \times 4 \times 3 \times 2 \times 1 = 40320$ 通りで、これはすべて調べることができそうです。

3.1.3　半分の半分の半分の ...

　繰り返し回数を減らすアルゴリズムの例として、二分探索と呼ばれるアルゴリズムを見ていきましょう。

　例えば、1024 ページの 50 音順に整理された名簿の中に、「ふくだ」の名前があるかないかを確認する場合を考えます。このとき、ちょうど真ん中のページである 512 ページを開くことから始めます。このページが「ふ」より前なら 513 〜 1024 ページで、「ふ」よりあとなら 1 〜 512 ページで、同じように真ん中のページの文字を調べます。これを繰り返すことで、最終的に「ふ」のページを見つけることができるというのが二分探索の手順です。

　これによって、例えば、前から 1 ページずつ確認していった場合には、総ページ数を n とすると見つけるまでに確認するページの期待値は $n/2$ ページになりますが、二分探索では $\log_2 n$ ページになり、特に大きな n に対して速い計算方法です。

　それでは、実際に書いてみましょう。問題は以前の問題の再掲です。

例題 3-2　（再掲）

$\sqrt{2}$ の小数による近似を精度 0.0001 で求めましょう。

　以前は、反復法により以下のような形で解きました。0 から条件にある答えが見つかるまで、順々に調べていっています。名簿の例でいうと 1 ページ目からすべて確認していくのと同じ形です。

```
1  x=0
2  e=0.0001
3  while x*x<2
4      x=x+e
5  print(x)
```

　それでは、二分探索だとどのようになるでしょう。

```
1  # まず答えの存在する区間を決めます。√2は0〜2の間にあるはず。これ
      を半分にしていきます
2  a=0 # 下限
```

```
 3  b=2 # 上限
 4  e=0.0001 # 誤差
 5  while b-a>e: # 区間の広さが誤差範囲より大きいとき繰り返します
 6      c=(a+b)/2 # cが真ん中の位置です
 7      if c*c>2: # 真ん中を調べます。真ん中が√2より大きいとき
 8          b=c # 区間の上限を真ん中にします。下限は変わりません。これ
                で新しい区間ができます
 9      else: # 真ん中が√2より小さいとき
10          a=c # 区間の下限を真ん中にします。上限は変わりません。これ
                で新しい区間ができます
11  print(a) # 繰り返しが終わったとき、aは√2に十分近いはずです
```

　解が求まるまで区間を半分ずつに狭めていきます。while の条件と if の中がポイントです。それでは練習してみましょう。

演習 3-7

　入力から読み込んだ整数 x の平方根を求めるプログラムを、反復法と二分探索の2種類で書いて、それぞれの繰り返し回数を1行で出力するプログラムを書いてください。x は標準入力から読み込むこととします。

演習 3-8　二階から目薬

　とても目薬を差すのがうまい人がいたとして、実際に何階までならうまくさせるか試してみたいと思いました。そこで、63階建てのビル（日本の通例通り、地階は1階）を借り切って実験することになりました。うまく目薬を差せる最大の高さを最小回数の試行で知るために、何階から目薬を差すことになるかを試行順にすべて書き出すプログラムを作成してください。

3.2　動的計画法

　複雑な組み合わせ問題は、どうしても繰り返し回数が膨大になってしまいます。2分探索では、解の存在する区間を分割することで繰り返し回数を減らしました。同様に、すべての可能性を調べつくすことが難しくても、問題を整理して、部分問題に分割して、それらの解を組み合わせることで効率のいい計算が可能となる場合があります。このような問題の解決法を動的計画法と呼び

ます。例えば、一橋大学から新宿までの最短経路を求める問題は、その部分問題である、一橋大学から国立駅までの経路、国立駅から新宿駅までの経路の2つを最適化して組み合わせることで解くことができます。このように、小さい部分問題に分けてそれぞれを解くことで、全体を解決するのが動的計画法です。この場合、仮に一橋大学から国立駅への行く道順が3000通り、国立駅から新宿駅への行き方が5000通りあったとすると、すべての道順の組み合わせは 3000 × 5000 で 15000000 通りあり、これは膨大な量です。しかし、それぞれの部分問題での最短経路を見つけるのなら、3000 + 5000 で 8000 通りとなり、これなら調べつくすこともできます。このように、小さい問題に分けて解くことで繰り返し回数を減らすことができます。

3.2.1 部分構造最適性

このように部分問題に分けて問題を解くための条件は、部分問題がそれぞれ独立で解けること、部分問題の最適解が問題全体の最適解と一致することの2点で、このような性質を部分構造最適性といいます。

3.2.2 動的計画法の準備

> **例題 3-3**　池に 30 個の飛び石があり、手前から 1, 2, 3, ..., 30 と番号が振られています。石 1 にいるカエルが石 30 まで移動するとき、何通りの行き方があるでしょうか？　カエルは 1 回のジャンプで石 i から $i + 1$ もしくは $i + 2$ に移動することができるとします（後戻りなし）。

石 n まで行くための行き方 A_n は、以下のような漸化式で決まります。

$$A_n = \begin{cases} 1, & \text{if } n = 1 \\ 1, & \text{if } n = 2 \\ A_{n-1} + A_{n-2} & \text{otherwise} \end{cases}$$

このように、A_n は A_{n-1} と A_{n-2} で決まります（フィボナッチ数列）。A_{30} を求めるには A_{29} と A_{28} が必要なので、$n = 1$ から順に計算します。このことから、A_n を配列で表現すると、以下のようになります。

```
1  A=[0]*30  # 要素数30(0〜29)の配列Aを作り、0で初期化。indexに注意
2  A[0]=1    # 1番目の石のindexが0
3  A[1]=1
4  for i in range(2,29):  # 3から30まで。indexに注意
5      A[i]=A[i-1]+A[i-2]
6  print(A[29])
```

1つ練習してみましょう。

演習 3-9　石段上り

ひとあしで石段を、1段ずつ、または1段とばし、または、2段とばしで登れる人が n 段 ($n < 30$) 上るときの登り方の数を出力するプログラムを作成してください。n は input() から読み込んでください。

この問題を2次元にすると、受験でおなじみの格子状の町の経路問題になります。

演習 3-10

図 3.1 のように、東西方向に5本、南北方向に4本の道があります。これらの道を通って、遠回りしないでA地点からB地点へ行くとき、何通りの経路があるでしょうか？

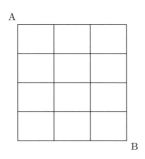

図 3.1

さらに、東西方向に n 本、南北方向に m 本として、入力から n と m を読み込んで解いてみましょう。

［ヒント］

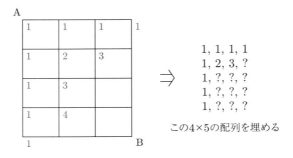

図 3.2

演習 3-11

図 3.3 のように、東西方向に 5 本、南北方向に 4 本の道があります。これらの道を通って、遠回りしないで A 地点から B 地点へ行きます。このとき、× 印のついた道を通らない行き方は何通りあるかを求めなさい。

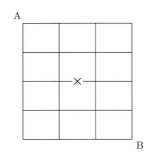

図 3.3

3.2.3 ナップザックをぱんぱんに

カエルの問題（例題 3-3）をちょっとだけ変更します。ジャンプをすることにコストがかかることとし、そのコストを最小化したいという場合を考えましょう。

例題 3-4 池に 30 個の飛び石があり、手前から 1, 2, 3, ..., 30 と番号が振られています。石 1 にいるカエルが石 30 まで移動することを考えます。カエルは 1 回のジャンプで石 i から $i+1$ もしくは $i+2$ に移動することができるとし、$i \to i+1$ のジャンプでは $|d(i+1) - d(i)|$、$i \to i+2$ のジャンプでは $|d(i+2) - d(i)|$ だけ体力を消耗します。体力の消耗を最小限に抑えたとき、それぞれのジャンプを何回ずつすることになるでしょうか？$d = \{1, 2, 3, 1, 2, 3, 1, 2, 3, 1, 2, 3, 1, 2, 3, \ldots, 1, 2, 3\}$、体力の初期値を 100 とします。

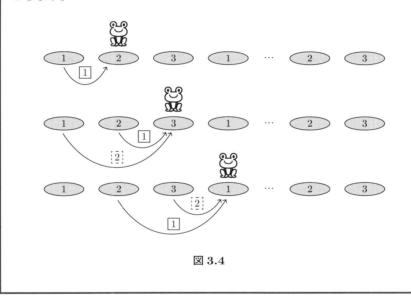

図 3.4

これが典型的な動的計画法の問題になります。i 番目の石に到達するには、その前に $i-1$ か $i-2$ 番目の石にいることになります。よって、i 番目の石にいるときの体力消耗を最小化するには、最小化された $i-1$ 番目と $i-2$ 番目の体力から、それぞれの石から i に至るコストを引いたものの大きいほうが、消耗を最小化したときの体力になります。

図のように、4 つ目の石にいるときの最小化されたコスト C_4 は、
$$C_4 = \min\{C_3 + |d(4) - d(3)|, C_2 + |d(4) - d(2)|\}$$

40   第3章　プログラミングによる問題解決

漸化式として一般化すると、

$$
C_n = \begin{cases}
0, & \text{if } n = 1 \\[2mm]
1 \ (\, = |d(n) - d(n-1)|), & \text{if } n = 2 \\[2mm]
\min\{C_{n-1} + |d(n) - d(n-1)|, \ C_{n-2} + |d(n) - d(n-2)|\}, & \\
& \text{otherwise}
\end{cases}
$$

この漸化式を順番に $n = 30$ まで解いていくとコストを最小化することができます。このように、組み合わせ最適問題を、小さな問題に分けて順々に解いていくのが、典型的な動的計画法の考え方になります。

```
1  C=[0]*30 # 最小化された体力消耗
2  D=[1,2,3]*10  # 与えられたコスト
3  C[0]=0
4  C[1]=1
5  for i in range(2,30):
6      C[i]=min(C[i-1]+abs(D[i]-D[i-1]), C[i-2]+abs(D[i]-D[i-2])
           )
7  print(100-C[29])
```

演習 3-12　ナップザック問題

　どろぼうが、大金持ちの倉庫に忍び込みました。彼は、重さ W まで宝物を入れることができるナップザックを背負っており、これに盗んだものを入れて逃げます。ナップザックに入れる以外の方法で宝物を持ち出すことは考えていません。倉庫には N 個の宝物があり、それぞれの売りに出したときの価値が v_i、重さが w_i です。どろぼうは盗んだ品物の合計の価値を最大化したいと考えます。どろぼうが盗むことができる価値の最大値を出力するプログラムを作成してください。

　入力は、1行目に N と W が空白区切りで与えられます。そのあと N 行で v_i, w_i が空白区切りで与えられます。

　〈入力例〉

　4 5

　4 2

```
5 2
2 1
8 3
〈出力例〉
13
```

3.2.4 再帰

▧ 関数の定義 ▧

これまでは、関数というと print() や int() などのあらかじめ用意された組み込み関数を使ってきました。ここでは、自分で新しく関数を定義する方法を身につけます。試しに、BMI を計算する関数 bmi() を作ってみましょう。まず、例題 2-3 で書いた BMI を計算するプログラムを思い出しましょう。

```
1  W=float(input("体重は？"))
2  H=float(input("身長は？"))
3  BMI=W/(H*H)
4  print(BMI)
```

これを関数にして、bmi(身長, 体重) とすることで BMI の計算ができるようにします。どこかのセルに以下の通り書き込んでください。

```
1  def bmi(height, weight):
2      BMI=weight/height**2
3      return BMI
```

最初に書かれた def が関数を新しく定義していることを表します。その次に新しい関数の名前を、その次の () の中が引数と呼ばれる関数に渡される変数です。2 つ以上あるときはコンマで区切ります。bmi() においては、身長と体重の 2 つです。インデントされた次の行からが関数の処理の中身です。この中の return の後ろが返値と呼ばれる関数の結果です。別のセルから、この関数 bmi() を呼び出してみましょう。

42 第3章 プログラミングによる問題解決

```
 1 bmi(1.65, 65) # 23.875114784205696
 2
 3 BMI= bmi(1.65, 65) # 計算結果を変数BMIに代入
 4 print(BMI) # 23.875114784205696
 5
 6 weight=65
 7 height=1.65
 8 BMI2=bmi(height,weight) # 引数に変数を渡す
 9 print(BMI2) # 23.875114784205696
10 BMI3=bmi(weight,height) # 引数の順番に注意
11 print(BMI3) # 0.00039053254437869823  ←これは間違い
```

このように、関数にしておけば、引数を変えながら何度も使えますし、関数化した処理を他の処理と分けて考えることができるので理解しやすいプログラムが書けます。もう1つ、練習してみましょう。

演習 3-13　摂氏と華氏

温度の単位として華氏を用いている国も多くあります。華氏で表された温度を入力として、これを摂氏に変換して出力するプログラムを書いてください。摂氏と華氏の変換は以下の式によるものとします。

$$摂氏温度/°C = (華氏温度/°F - 32)/1.8$$

■ 再帰と漸化式 ■

関数を定義することで以下のようなプログラムを書くことができます。どのような計算をするプログラムか考えてみてください。

```
 1 def fib(n): # 関数fib()の定義
 2     if n==0:
 3         return 0
 4     elif n==1:
 5         return 1
 6     else:
 7         return fib(n-2)+fib(n-1) # fib()  ここまで
 8
```

```
 9  n=int(input())
10  print(fib(n))
```

このプログラムのちょっと変わったところは、`fib()` を定義している部分の中で `fib()` を呼び出しているところです。`fib(n)` を計算するのに `fib(n-1)` と `fib(n-2)` を使っています。このように、自分自身を呼び出すことを再帰と呼びます。このように再帰関数を定義することで漸化式を解くことができます。このプログラムでの漸化式は以下の通り。

- `fib(0)=0`
- `fib(1)=1`
- `fib(n)=fib(n-1)+fib(n-2)` (n>2 のとき)

これはフィボナッチ数列ですね。ただ、これはとても遅い計算方法です。どうして遅いか各自考えてみましょう。章末の付録も参考にしてください。

次は、ユークリッドの互除法と呼ばれる最大公約数の求め方があります。正の整数 $a > b$ に対して、以下の方法で最大公約数を求めることができます。

$$\gcd(a,b) = \begin{cases} a, & \text{if } b = 0 \\ \gcd(b, a \mathbin{\%} b) & \text{otherwise} \end{cases}$$

最小公倍数は $\mathrm{lcm}(a,b) = a * b / \gcd(a,b)$ から求めることができます。手続き自体は、再帰を使わなくても書けますが、ここでは再帰を用いて解いてください。また、Python の math モジュールに `gcd()` という関数がありますがここでは使わないことにしましょう。

▌ **演習 3-14　最大公約数と最小公倍数**
　`input()` から、2 つの整数を入力として読み込んで、それらの最大公約数と最小公倍数を求めるプログラムを書いてください。

3.2.5　再帰による問題解決の例

▌ **演習 3-15　Tower of Hanoi**
　1 つの整数 n を `input()` で読み込んで、n 枚のディスクからなるハノイの塔を解く手順を出力するプログラムを書いてください。
（ルール）図 3.5 ですべてのディスクを A から B に移す課題です。その際に、

1. 小さいディスクの上に大きいディスクを置くことはできない、
2. 1度に1枚のディスクしか動かすことができない

という2つの条件を守ってください。

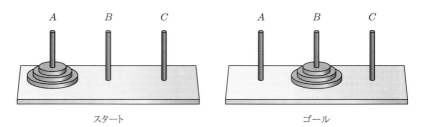

図 3.5

```
1  n=3のときの出力例
2  from A to B
3  from A to C
4  from B to C
5  from A to B
6  from C to A
7  from C to B
8  from A to B
```

[ヒント]

ディスクを上から $1, 2, 3, \ldots, n$、3つの棒を start, goal, another とする。このとき、n枚のディスクのハノイの塔をとく関数を hanoi(n,start, goal,another) とする。

hanoi(n,"A","B","C") を hanoi(n-1,start,goal,another) で表すことを考える。

- $n = 1$ のとき、ディスク1を A から B に移す (hanoi(1,"A","B","C"))。
- $n = 2$ のとき、ディスク1を A から C に移して、ディスク2を A から B に移す。それから、ディスク1を C から B に移す (hanoi(2,"A","B","C"))。
- $n = 3$ のとき、ディスク1を A から B に移して、ディスク2を A から C に移して、ディスク1を B から C に移す（ここまでで、上2枚が $A \to C$）。そ

れから、ディスク 3 を A から B に移す。あとは、C にある 2 枚を B に移す手続きとして、ディスク 1 を C から A に移して、ディスク 2 を C から B に移して、ディスク 1 を A から B に移す。

▷ `hanoi(3,"A","B","C")`は、まず`hanoi(2,"A","C","B")`をして、ディスク 3 を A から B に移す。そのあと、`hanoi(2,"C","B","A")`。

→ ここから漸化式を考える

ここで、2 章の演習 2-5 で扱った、相続人アプリに戻ります。2 章ではたくさんの if 文を書くことでこの問題を解決しました。もう少し効率的にこのような問題を解くことはできないでしょうか？

演習 3-16　相続人アプリ（再掲）

死んだあと、財産の相続を誰がするのかは、下図のような簡単なルールで決まります。これをもとに、いくつかの質問に答えることで、相続人が誰かを出力するように以下のプログラムの続きを入力して完成させてください。

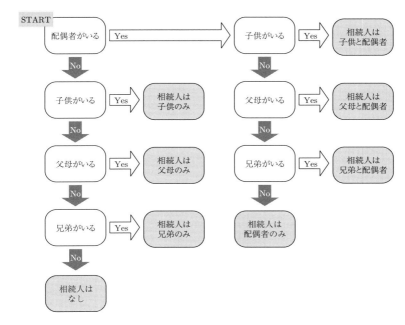

図 3.6

46   第3章　プログラミングによる問題解決

　ここで、「配偶者がいる」がYesのときは、常に相続人に配偶者が含まれます。また、「子供がいる」、「父母がいる」、「兄弟がいる」はこのままの順序で、配偶者の有無にかかわらず質問され、Yesの場合は相続人にそれぞれ子供、父母、兄弟を加えて終了です。この3つの質問についての知識を配列にしましょう。そして、これらを順に尋ねて、付け加えるべき相続人を返す関数を作ることにします。これによって、知識は配列に格納され、その知識を使った推論は、関数に持たせることができます。これは、知識ベースと推論エンジンを持った、エキスパートシステムを簡易的に模したものです。知識を入れ替えても、推論に用いる関数を変更する必要はありません。また、関数は再帰的に質問を繰り返すようにしました。

```
 1  K=["子供","父母","兄弟"]  # 知識を実装
 2
 3  def askquestion(K,i): # 知識の使い方、推論にあたる
 4    print(str(K[i])+"はいますか?")
 5    A=input()
 6    if A=="Yes":
 7      return K[i]
 8    else:
 9      if i>=2:
10        return 0
11      else:
12        askquestion(K,i+1)
13  # プログラムの実行
14  C=[]
15  print("配偶者はいますか?")
16  A=input()
17  if A=="Yes":
18    C.append("配偶者")
19  C.append(askquestion(K,0))
20  print("相続人は",*C)  # リストに*をつけることで各要素を出力できる
```

参考文献

- A. ヘイ・R. アレン編（原康夫・中山健・松田和典訳）『ファインマン計算機科学』（岩波書店，1999）

- Jon Kleinberg and Éva Tardos（浅野孝夫・浅野泰仁・小野孝男・平田富夫訳）『アルゴリズムデザイン』（共立出版，2008）

- Thomas H. Cormen, Charles E. Leiserson, Ronald L. Rivest and Clifford Stein（浅野哲夫・岩野和生・梅尾博司・山下雅史・和田幸一訳）『アルゴリズムイントロダクション　第3版　総合版』（近代科学社，2013）

- 山口和紀編『情報　第2版』（東京大学出版会，2017）

付録　再帰計算とフィボナッチ数列の高速化

　ここでは、フィボナッチ数列を計算するプログラムの高速化について考察します。

再帰と漸化式

　関数を定義することで以下のようなプログラムでフィボナッチ数列を計算できます。

```python
def fib(n): # 関数 fib()の定義
if n==0:
    return 0
elif n==1:
    return 1
else:
    return fib(n-2)+fib(n-1) # fib()　ここまで

n=int(input())
print(fib(n))
```

ただし、これはとても遅い計算方法です。例えば、$n = 3$ を計算するとき、何度、関数 fib() が呼び出されるか数えてみましょう。最初、fib(3) を計算するために呼び出します（1回目）。その中で fib(2), fib(1) が呼び出されます（2回目、3回目）。fib(1) は答えを返しますが、fib(2) を計算するために、

48　　第3章　プログラミングによる問題解決

`fib(1)` と `fib(0)` が呼ばれます（4回目、5回目）。このように何度も繰り返し同じ計算を繰り返すことになります。

この方法では、$n = 30$ くらいから苦しくなってきます。

1. 1度した計算をおぼえておく

　　上の方法では、例えば、`fib(n)` を計算するのに `fib(n-1)` と `fib(n-2)` を、`fib(n-1)` を計算するのに `fib(n-2)` と `fib(n-3)` を、という形でここだけで `fib(n-2)` が2回出てきているように同じ計算を何度も繰り返すことになります。これを避けるために、メモ化と呼ばれる方法があります。これは計算した結果を随時メモを取ることでおぼえておくように、例えば、`table` という配列を作って計算結果を書き込んでおき、次に繰り返すときにはその配列を参照することで同じ計算が何度も繰り返されることを避ける方法です。ただし、最初に配列としてメモを用意することになるので、その大きさまでしか計算できないことに注意してください。

```
1  table=[0]*3000 # メモを作る
2  def fib(n): # 関数 fib() の定義
3      if n==0:
4          return 0
5      elif n==1:
6          return 1
7      else:
8          if table[n]==0:
9              table[n]=fib(n-2)+fib(n-1) # メモに書き込む
10         return table[n] # メモに書いてある値を返す
11 n=int(input())
12 print(fib(n))
```

2. 小さいほうから順に計算

　　小さいほうから順に計算し、1つ前と2つ前だけをおぼえておくことで繰り返しをなくす方法で、繰り返しがないので高速です。$n = 100$ くらいまでは、実用的な時間内に終了するはずです。動的計画法のところ（40ページ）で書いたものと同じものです。

付録　再帰計算とフィボナッチ数列の高速化　　*49*

```
 1  a=1
 2  a_1=0
 3  n=int(input())
 4  if n==0:
 5      print(0)
 6  elif n==1:
 7      print(1)
 8  else:
 9      for i in range(2,n+1):
10          temp=a
11          a=a+a_1
12          a_1=temp
13      print(a)
```

3. 繰り返し二乗法

n 乗の計算、たとえば、例えば、2^8 を計算するときに $2 \times 2 \times 2 \times \ldots$ と 2 を何度もかけようとすると、7 回つまり n に比例する計算時間がかかる。しかし、2^2 を計算して、それを二乗して、さらにそれを二乗する形だと $\left((2^2)^2\right)^2$ ということで3回で終わる。この場合、n 乗の計算は $\log n$ 回で終わることになる。これを繰り返し二乗法と呼びます。

ここで、フィボナッチ数列は、行列を使って

$$\begin{pmatrix} \texttt{fib(n+1)} \\ \texttt{fib(n)} \end{pmatrix} = \begin{pmatrix} 1 & 1 \\ 1 & 0 \end{pmatrix} \begin{pmatrix} \texttt{fib(n)} \\ \texttt{fib(n-1)} \end{pmatrix}$$

と書くことができます。ここから $A = \begin{pmatrix} 1 & 1 \\ 1 & 0 \end{pmatrix}$ とすると、

$$\begin{pmatrix} \texttt{fib(n+1)} \\ \texttt{fib(n)} \end{pmatrix} = A \begin{pmatrix} \texttt{fib(n)} \\ \texttt{fib(n-1)} \end{pmatrix} = A^n \begin{pmatrix} \texttt{fib(1)} \\ \texttt{fib(0)} \end{pmatrix} = A^n \begin{pmatrix} 1 \\ 0 \end{pmatrix}$$

となり、べき乗の繰り返しになることから、繰り返し二乗法が使えて、$\log n$ の計算量で計算できます。

```
 1  # 行列の二乗を定義
 2  def matrix_multi(A,B):
```

50　第3章　プログラミングによる問題解決

```
3    c1=A[0][0]*B[0][0]+A[0][1]*B[1][0]
4    c2=A[0][0]*B[0][1]+A[0][1]*B[1][1]
5    c3=A[1][0]*B[0][0]+A[1][1]*B[1][0]
6    c4=A[1][0]*B[0][1]+A[1][1]*B[1][1]
7    T =[[c1,c2],[c3,c4]]
8    return T
9
10   # ここが繰り返し二乗法
11   def powpow(A,p):
12       if p==1:
13           return A
14       elif p%2==1:
15           T=powpow(A,p-1)
16           return matrix_multi(A,T)
17       else:
18           T=powpow(A,p/2)
19           return matrix_multi(T,T)
20
21   # 計算
22   M=[[1,1],[1,0]] # fibonacci数列の初期値
23   n=int(input())
24   F=powpow(M,n)
25   print(F[1][0])
```

　これでフィボナッチ数列も $n = 1000$ くらいは計算できるようになると思います。行列の二乗の関数を書かないといけないですが、余裕のある方は書いてみてください。

4 データ処理の準備

　ここからは、データを扱った処理を行っていきます。まずは、データの扱いの練習を少ししておきたいと思います。特に、よく使う機能について概観しておくことがこの章の目標です。すべてをおぼえようとする必要はありません。何度も調べながらやることで徐々によく使うものから慣れていくので十分です。

4.1　データ処理の見通し

　まず、いろいろな計算をするときに、似たような機能が必要になることがよくあります。そういうときにいちいち新しくプログラムを書くのは大変です。それで、よく使う機能をまとめたものをライブラリと呼び、これによってよく使う機能を再利用することができます。

4.1.1　よく使うライブラリ

　この章では、以下のライブラリを使いながらデータを簡単にまとめてみましょう。これらは、Google Colaboratory にデフォルトでインストールされていると思います（使えない場合は教えてください）。

NumPy

　NumPy[1]は行列計算、ベクトル計算で、便利な機能がたくさんある数値計算用のライブラリです。普通のリストで配列を作っても同じ作業はできる場合が多いのですが、短いコードでいろいろなことができるので慣れるととても便利です。

pandas

　それから重要なのは pandas[2]についてです。データは多くの場合、表形式

---

[1] https://numpy.org/

[2] https://pandas.pydata.org/docs/index.html

で扱うと便利です。pandas では DataFrame という表形式にデータをまとめて、そのあとの処理に適した形にデータを加工することができます。表形式と言えばエクセルも表形式のデータを直感的に扱える扱う便利なソフトですが、ウィンドウとメニューをマウスクリックで操作するスタイルなので、データが大きくなると、非常に不便です。データを選択するためだけに、大量のデータを何行もドラッグする必要があります。そこで、プログラムから表が扱えると、大量のデータを直接的に見なくても操作できるという点で便利です。このため、pandas は、データを処理する前段階においていつも使うものになると思っていいでしょう。

　データ加工以外にも、計算したり、グラフを描いたりいろいろな機能が実装されています。

▌Matplotlib▐

　Matplotlib[3]は、グラフ描画用のライブラリです。いろいろなグラフが簡単に描くことができます。グラフを描くことはデータ処理の基本ですので、しっかり練習しましょう。

4.2　やってみよう

4.2.1　解析の準備

　今回は練習用のデータとして、Kaggle に公開されているデータ Pokemon with stats のデータを使いましょう。以下の URL からデータをダウンロードしてください。右上のほうにダウンロードと書いてあるところをクリックしてください。

　`https://www.kaggle.com/abcsds/pokemon`

　ダウンロードされたファイルを展開して、Pokemon.csv を Colaboratory にアップロードしてください。サイドパネルの 1 番下のフォルダの形のアイコンをクリックすることで、ファイルをアップロードすることができます。

▌データファイルの読み込み▐

　まず pandas をインポートしましょう。`import（ライブラリ名）`でインポー

---

[3] `https://matplotlib.org/`

トできます。pandas のインポートは以下の通りです。

```
import pandas as pd # pandasはpdと略するのが通例です
```

データはいろいろな形で与えられる場合がありますが、多くの場合は CSV ファイルか XLS ファイルかである場合が多いと思います。今回は CSV ファイルを扱いますので、`read_csv` を使いましょう（エクセルファイルは `read_xls`）。読み込んでみましょう。

```
df=pd.read_csv("./Pokemon.csv")
# Pokemon.csvをdfという名前のDataFrameとして読み込む
```

* Pokemon.csv の前の ./ は、操作しているフォルダ内に Pokemon.csv があるという意味

Pokemon.csv は、エクセルで開くと図 4.1 のように開くことができます。たくさんのポケモンのデータが入っています。1 行目にそれぞれの列のラベル、1 列目に行番号、2 列目に通し番号、3 ～ 5 列目は文字列データ、6 ～ 13 列目は整数値、14 列目は真偽値になっています。それから、たぶん 13 列目 (generation) は数値が入っていますが、おそらく名義尺度でしょう。あと 6 列目は、7 ～ 13 列の合計のようです。

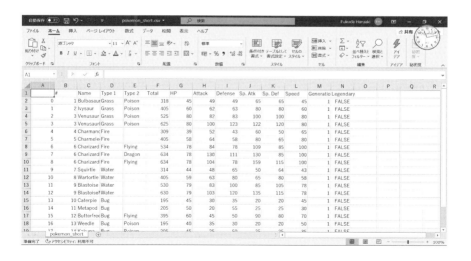

図 4.1

54 第 4 章 データ処理の準備

さて、読み込んだ df はどのようになっているでしょう。head() もしくは tail() というメソッドを使って、読み込んだ DataFrame の先頭部分、もしくは最後の部分を見ることができます。このデータは 800 行程度なので、エクセルで開いても問題ないですし、そのままエクセルで処理することもできます。しかし、我々が扱いたいデータは、時には何千、何万行になる場合もあります。その場合、エクセルで開くことはできませんし、できても確認するのは大変です。しかし、どのようなデータなのか目で見てみたい場合も多いのでこのようなメソッドを使うことになります。

```
1  df.head() # dfの最初の5行を提示
2  df.head(15) # head()の()内に数字を入れることで表示する
      行数を指定できる
3  df.tail() # dfの最後の5行を提示
4  df.tail(15) # head()同様、行数を指定できる
```

df.head() の実行結果は図 4.2 のようになります。

df.head()													
#		Name	Type 1	Type 2	Total	HP	Attack	Defense	Sp. Atk	Sp. Def	Speed	Generation	Legendary
0	1	Bulbasaur	Grass	Poison	318	45	49	49	65	65	45	1	False
1	2	Ivysaur	Grass	Poison	405	60	62	63	80	80	60	1	False
2	3	Venusaur	Grass	Poison	525	80	82	83	100	100	80	1	False
3	3	VenusaurMega Venusaur	Grass	Poison	625	80	100	123	122	120	80	1	False
4	4	Charmander	Fire	NaN	309	39	52	43	60	50	65	1	False

図 4.2

エクセルで見たときの 1 行目の列ラベルは、ここでもそれぞれの列の名前として自動的に使われているようです。これを DataFrame では column と呼びます。また、各列のラベルとして、0 から始まるラベルが貼られています。これは index と呼ばれます。ファイルの中の何行目、何列目を column, index として読み込むかは、read_csv("filename", header=0, index_col=0) という風に指定することもできます（この場合、0 行目を index に（index_col のあたり）0 列目を column に指定（header の値））。Type 2 の 4 番目のデータに NaN というのが見えます。これは、Not a Number のことで、空欄です。データの種類によってはこのように欠損がある場合があります。欠損値の処理

はデータ処理における大きな問題の 1 つですが、ここでは扱いません。とりあえず、Type2 の列は欠損値が含まれるのでここでは取り扱わないということにしましょう。

▓ データの概要 ▓

　それでは、データの中身を見てみましょう。以下の通りに打ってみてください。

```
1  df.describe()
```

これだけで、データの簡単なサマリーを返してくれます（図 4.3）。

```
1  df.describe()
```

	#	Total	HP	Attack	Defense	Sp. Atk	Sp. Def	Speed	Generation
count	800.000000	800.00000	800.000000	800.000000	800.000000	800.000000	800.000000	800.000000	800.00000
mean	362.813750	435.10250	69.258750	79.001250	73.842500	72.820000	71.902500	68.277500	3.32375
std	208.343798	119.96304	25.534669	32.457366	31.183501	32.722294	27.828916	29.060474	1.66129
min	1.000000	180.00000	1.000000	5.000000	5.000000	10.000000	20.000000	5.000000	1.00000
25%	184.750000	330.00000	50.000000	55.000000	50.000000	49.750000	50.000000	45.000000	2.00000
50%	364.500000	450.00000	65.000000	75.000000	70.000000	65.000000	70.000000	65.000000	3.00000
75%	539.250000	515.00000	80.000000	100.000000	90.000000	95.000000	90.000000	90.000000	5.00000
max	721.000000	780.00000	255.000000	190.000000	230.000000	194.000000	230.000000	180.000000	6.00000

図 4.3

　平均値を見たいとか、合計が見たいときは、

```
1  df.mean()
2  df.sum()
```

とすることで、それぞれの列についての平均や合計が見られます。その他、中央値 median() やデータ数 count()，標準偏差 std()、などのメソッドも同様に使えます。また、最後の列に Legendary がありますが、伝説ポケモンとそうでないポケモンで分けて、データを確認しておきたいときは、groupby() が使えます。

```
1  df.groupby(["Legendary"]).mean()
```

56 第4章 データ処理の準備

とすることで、データを Legendary の値に従って分けて平均値を表示してく
れます。groupby() はカッコ内に指定したコラムの値ごとに分けたデータフ
レームを返します。上のコードは groupby() で分割されたデータフレームに
mean() を提要していることになります。

■データへのアクセス■

サマリーがわかったところで、次に表の中のそれぞれのデータにアクセス
してみましょう。実は DataFrame は Series という1列からなるデータ構
造の集まりです。DataFrame では、各列がそれぞれ Series になっています。
DataFrame の行のラベルを index、列のラベルを column と呼ぶのでした。だ
から、以下のように column を指定することでそれぞれの Series を確認でき
ます。

```
1  df["Total"]  # "Total"の列全体
2  df["Names"]  # "Names"の列全体
3  df["Total"].head()
4  df["Names"].head()
```

さらに、index も指定することで、それぞれのデータにアクセスすることが
できます。データにアクセスできると計算したり、書き換えたりすることがで
きるようになります。

```
1  df["Total"][0]  # "Total"の列の最初のデータ
2  df["Names"][1]  # "Namas"の列の最初のデータ
```

また、DataFrame には上で見たように、index と column がありますので、
loc() メソッドを使って、index と column で各セルを指定することもできます
し（loc() は location の略）、配列のように指定することもできます（iloc()
は、index location の略）。また、コロン「:」を使ってスライス表記で範囲を
指定することもできます。

```
1  df.loc[0,"Total"]  # indexと columnで指定
2  df.iloc[0,4]  # 配列のように指定
3  df.iloc[:,4]  # "Total"の列全体
```

ちょっとした計算をしたり、グラフを描いたりも pandas でできるのですが、pandas で処理するのはここまでにして、計算をするために、NumPy の配列に入れてしまいましょう。DataFrame の値に .values をつけることで次に説明する NumPy 形式の配列を作ることができます。ここでは、とりあえず、数値の部分全体を 1 つの 2 次元配列に、Generation と Legendary の列を 1 次元配列にしてしまいましょう。

NumPy と pandas は、多くの共通の機能があります。例えば、平均値や合計値の計算などはどちらでも計算できます。また、pandas には、簡単なグラフ描画の機能もありますので Matplotlib とも機能が重なります。ここでは、基本的な流れを抑えていくために、表の処理を pandas に、計算は NumPy に、グラフ描画を Matplotlib にという形で扱うことにしますが、どの操作をどのライブラリの機能を使うかは人それぞれですし、皆さんも慣れてくればやりやすい方法が見つかるとおもいます。特に pandas は比較的新しく、データサイエンス用に作られたライブラリで、データ処理における便利な機能がたくさんあります。基本を押さえてしまえば、あとはどんどん便利な機能を使って手軽に処理していくのがいいと思います。

```
1 data=df.iloc[:,4:11].values # 4~10列を dataという 2次元配列に
2 generation=df.iloc[:,11].values # 11列を generationという
       配列に
3 legend=df["Legendary"].values # 12列を legendという配列に。
       この形でも大丈夫
```

これで、NumPy 形式になりました。pandas はとりあえずここまでにします。

4.2.2 NumPy 配列の扱い

ベクトル計算と NumPy

配列は、Python の list を利用して 2 章でも扱いました。もちろん list でもいいのですが、NumPy の配列を使うと圧倒的にデータ処理において便利です。

NumPy の配列は、ベクトルや行列のように扱うことができます。例えば、ある人が 2 回の 5 教科のテストを受けて、その点が

$$(1 \text{回目}) = [65, 57, 34, 78, 60]$$

$$(2 \text{ 回目}) = [55, 75, 64, 85, 68]$$

だった場合、list を用いると、2 回のテストの合計点や平均点を計算するときにわざわざ繰り返しを使って計算することになります。

```python
first=[65,57,34,78,60]
second=[55,75,64,85,68]
#  これらの合計を計算しよう
## 下の計算ではだめ
SUM=(first+second)
print(SUM) # 足し算は list では連結
# それぞれの要素の足し算は繰り返しが必要

# 正しくは以下の通り
SUM=[0]*len(first)
for i in range(len(first)):
    SUM[i]=first[i]+second[i]
print(SUM)

# 平均を出したいときはこの配列の各要素を 2 で割りたいけど
AVE=SUM/2 # これはエラーが出る
# 以下のような繰り返しが必要
AVE=[0]*len(SUM)
for i in range(len(SUM)):
    AVE[i]=SUM[i]/2
print(AVE)
```

この例では 1 次元配列なので繰り返しが少なく済みますが、多次元配列の場合はより面倒です。これが、もし、各配列をベクトルや行列のように扱えて、

$$(\text{合計}) = (1 \text{ 回目}) + (2 \text{ 回目}), \quad (\text{平均}) = ((1 \text{ 回目}) + (2 \text{ 回目}))/2$$

のように書けると便利になります。このような計算が可能になるのが NumPy 配列です。以下の通り、上の計算がそれぞれ 1 行で済みました。

```python
import numpy as np # NumPy をインポート。np と略すのが通例です
first=np.array([65,57,34,78,60]) # 関数 array() を使って新しい
    NumPy 配列が作れます
```

```
3  second=np.array([55,75,64,85,68])
4  SUM=first+second # 要素同士の足し算、引き算ができます
5  print(SUM)
6  AVE=(first+second)/2 # 要素同士のかけ算、割り算もできます
7  print(AVE)
```

■NumPy 配列によるデータの計算■

配列の各要素へのアクセスや、その他の扱いは list に準じるところも多いので、説明はここまでにして、もう Pokemon のデータに戻りましょう。今、以下の通り、data という 2 次元配列と generation, legend という 2 つの 1 次元配列があります。

```
1  # 再掲
2  data=df.iloc[:,4:11].values #4~10列を dataという 2次元配列に
3  generation=df.iloc[:,11].values #11列を generationという配列に
4  legend=df["Legendary"].values #12列を legendという配列に。この
       形でも大丈夫。
```

元ファイルの Total から Speed までの列のデータが格納された data 配列を見てみましょう。

```
1  print(data)
```

```
print(data)
[[318   45   49 ...    65   65   45]
 [405   60   62 ...    80   80   60]
 [525   80   82 ...   100  100   80]
 ...
 [600   80  110 ...   150  130   70]
 [680   80  160 ...   170  130   80]
 [600   80  110 ...   130   90   70]]
```

図 4.4

図 4.4 のように行列のような形で表示されたと思います。平均値を計算してみましょう。我々は、pandas の describe() メソッドのおかげで平均値はす

60 第 4 章 データ処理の準備

でに知っていますが、練習です。2 次元の表ですので縦横 2 方向に平均値を
計算することができます。同様に、sum() や min()、max()、標準偏差を表す
std() も NumPy では関数として用意されています。

```
1  np.mean(data) # すべての値の平均値
2  np.mean(data,axis=0) # 縦方向の平均値
3  np.mean(data,axis=1) # 横方向の平均値
```

ここで配列 data は、0 列目が Total の値、1 列目が HP の値、2 列目が Attack の
値 · · · という風になっています。例えば、Total のすべてのポケモンの平均値は、

```
1  np.mean(data[:,0]) # 0列めのすべてのデータの平均。1次元配列では ax
     isは不要。
```

という形で、スライスを用いた形で平均値を計算することができます。では、
例えば Generation 1 のポケモンだけの平均値が知りたいときはどうすればい
いでしょう。このようなカテゴリーごとの計算が必要となることはデータ処理
ではよく起こります。例えば、6 人の生徒のテストの点数が [8, 10, 4, 7, 9, 10]
で、それぞれの性別が [0, 1, 0, 0, 1, 1] である場合を考えます。それぞれ男女
別の平均点を出したいというようなことはありうることです。NumPy では、
配列のインデックスを、条件式で指定することができます。これによりこのよ
うな計算が繰り返しなしで書け、非常に簡単になります。以下の通りです。

```
1  tensu=np.array([8,10,4,7,9,10])
2  gender=np.array([0,1,0,0,1,1])
3  print(tensu[gender==0]) # genderが 0の人の点数
4  print(np.mean(tensu[gender==0]))# genderが 0の人の平均
```

それでは、ポケモンに戻って、例えば伝説ポケモンの Total の平均値と伝説
ポケモンではないポケモンの Total の平均値を計算してみましょう。やはり伝
説ポケモンは強いようです。

```
1  # 伝説ポケモン
2  print(np.mean(data[legend==1,0]))
3  # 伝説ポケモン以外
4  print(np.mean(data[legend==0,0]))
```

ここで、Total の値ですが、他の列 (HP, Attack, Defence, Sp.Atk, Sp.Def, Speed) の和になっているように見えます。本当でしょうか? 確かめておきましょう。NumPy 配列では、list と違って、列ごとの足し算が簡単にできるのでした。

```
1  Psum=data[:,1]+data[:,2]+data[:,3]+data[:,4]+data[:,5]+dat
      a[:,6]
2  # またはスライスを使って
3  Psum=data[:,1:7].sum(axis=1)
```

さて、この Psum は Total と等しいでしょうか?

```
1  total=data[:,0]
2  total==Psum  # これで要素ごとに比較して、True(1)か False(0)からな
      る配列を返す
3  # だから、この合計が要素数である 800になればすべて等しい
4  np.sum(total==Psum) #799?
```

演習 4-1

generation ごとの Total の平均値と標準偏差 (np.std()) を計算して、比べてみましょう。また、generation ごとの伝説ポケモンの数も数えてみましょう。

4.2.3　グラフを描こう—Matplotlib の利用—

データを処理する際にグラフを描くことは大切です。適切に作られたグラフは分析結果を一目で伝えてくれますし、良い分析をするためには我々自身がデータの性質を正しく理解することも必要です。このようにグラフには、分析者自身がデータの性質を知るためと分析結果を伝えるという 2 つの大きな目的があります。まずは、我々自身がポケモンのデータの性質を把握することから始めましょう。

とにかくヒストグラム

まず、我々が見たいのはヒストグラムです。あらゆる統計がヒストグラムをもとにしており、データを見るときにまず大切になるのはヒストグラムで

62 第 4 章 データ処理の準備

す。それでは、ヒストグラムを描いていきましょう。ここでは、Matplotlib の hist() 関数を使うことで非常に簡単に描くことができます。Total のヒストグラムを描いてみましょう。

```
1  import matplotlib.pyplot as plt # Matplotlibの中のpyplot
      を import
2  plt.hist(data[:,0]) #data[0,:]が Totalの列
3  plt.show()
```

これだけでとりあえず描けます。もう少し、いろいろと設定して描いてみましょう。

```
1  plt.figure(figsize=(5,5)) # 図の領域の設定をします。figsizeは
      領域の広さで、単位はインチです
2
3  # binsで階級の数、range=(min, max)で範囲を明示的に与えることが
      できます
4  # colorは色を RGBで、alphaは透明度です
5  plt.hist(data[:,0],bins=8, range=(np.min(data[:,0]),np.max(da
      ta[:,0])),color="blue",alpha=0.5) # colorで色を、alphaで
      透明度を指定します
6  plt.title("All",Fontsize=15) # 残念ながら、日本語は文字化けしま
      す
7  plt.ylabel("Frequency",Fontsize=12)
8  plt.xlabel("total",Fontsize=12)
9  plt.show()
```

hist() はいろいろなオプションがありますが、知っていたほうがいいのはまず、bins と range() です。

bins は、整数で与えると階級の数を、リストで与えると各階級の下端の値となります。例えば、bins=[100, 200, 300, 400] とすると、階級数は 4 で、それぞれ [100, 200) の頻度、[200, 300) の頻度、[300, 400) の頻度、400 以上の頻度を表します。range() は範囲です。これらを指定することで、自由にヒストグラムを描けるようになります。

図 4.5 のようなグラフが描けましたか？ ノートブック上のグラフは画像ファ

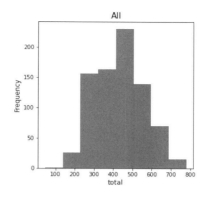

図 4.5

イルとなっていますので、右クリックすると保存したり、コピーしたりすることができます。グラフ自体に目を向けてみると、450 くらいを頂点として、100 〜 750 くらいの範囲をとる山形の分布になっていることが見て取れます。このような分布の形が、このデータの性質であり、ここでの我々の興味の対象です。

■ subplot と繰り返し ■

1 つの図の中に複数のグラフを描くこともできます。subplot(a,b,i) と描くことで、figure エリアを a × b の格子に区切って、左上から数えた i 番目の区画にグラフを描くことができます（図 4.6）。

```
1  plt.subplot(2,2,1)
2  plt.hist(data[:,0])
3  plt.xlabel("TOTAL")
4
5  plt.subplot(2,2,4)
6  plt.hist(data[:,1])
7  plt.xlabel("HP")
```

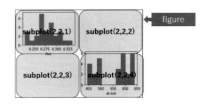

図 4.6

　この subplot() と繰り返し構文を組み合わせることで、一気にたくさんのグラフを描いて確認することができます。このように、まとめて処理ができるのがプログラムを書いてデータを処理することの1つの強みです。次のプログラムを走らせてみてください。

```
col=["TOTAL","HP","Attack","Defence","Sp.Atk","Sp.Def","Speed"]
plt.figure(figsize=(15,15))
for i in range(len(col)):
    plt.subplot(3,3,i+1)
    plt.hist(data[:,i])
    plt.xlabel(col[i])
```

次の問題にあるグラフを描いてみましょう。

演習 4-2

　伝説ポケモンとそれ以外に分けて、2つの Total のヒストグラムを描いてください。タイトル、x 軸ラベル、y 軸ラベルを必ずつけてください。

　上の練習では、伝説ポケモンとそれ以外の2つのヒストグラムを描きました。2つのヒストグラムを比べることで伝説ポケモンとそれ以外のデータがどのように異なるのかを見ることができます。直接2つのグラフを比べたい場合重ねて描くと見やすくなります。show() より前に2つのグラフ描画を行うと同じ座標上に2つのグラフを重ねることができます（図 4.7）。alpha をうまく設定して、透明度を調節してください。また、ここでは、伝説ポケモンは、それ以外に比べて数が少ないので、ヒストグラムのままでは小さな山になり比較が難

しくなります。density=True のオプションで確率分布を描画しましょう。

```
1  plt.figure(figsize=(5,5))
2
3  # 伝説ポケモン
4  plt.hist(data[legend==0,0],bins=8, range=(np.min(data[:,0]),
       np.max(data[:,0])),color="blue",alpha=0.5,density=True)
5  # 伝説ポケモン以外
6  plt.hist(data[legend==1,0],bins=8, range=(np.min(data[:,0]),
       np.max(data[:,0])),color="red",alpha=0.5,density=True)
7
8  plt.title("Legendary or Not",fontsize=15)
9  plt.ylabel("Probability",fontsize=12)
10 plt.xlabel("total",fontsize=12)
11 plt.show()
```

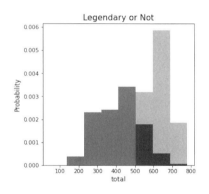

図 4.7

確率分布と分類

　確率分布とは、横軸に値、縦軸に各値をとるときの確率をプロットしたものです。ヒストグラムを全データ数で割るとそれぞれの値は変数がとる確率を表しますので、分布の形としては、ヒストグラムと同じ、もしくは、それを連続にしたものです。確率分布では、対象とする確率変数が各値をとる確率を表し、変数の性質を表します。明示的に、確率分布が描きたい場合は density=True

をhist()のオプションにくわえてください。

　仮に、皆さんが道を歩いていて、新種のポケモンに出会ったとしましょう。最初、伝説ポケモンはあまりいないので、伝説ポケモンではないと思っています。そうすると、どのくらい強いのかなと思ったとき、Totalの値は400〜500くらいである確率が一番高いと、まあ400くらいじゃないのかなと想像すると思います。これは、ほぼ全ポケモンの平均値と一致します。しかし、何らかの方法で、そのポケモンが「伝説ポケモンである」という情報を得たとします。そうすると、皆さんの予測は大きく変わります。Totalはきっと、600〜700くらいだろうと伝説ポケモンのTotalの確率分布に基づいて推測するわけです。グラフでいうと、青い山を基にした推測から、赤い山を基にした推測へと変わります[4]。この青と赤の2つの確率分布の違いの大きさが、「伝説ポケモンである」という情報の情報量を表します。情報を得る前と得たあとに用いる確率分布の違いが大きいほど大きな情報量ということだと思ってください。あまり変わらない場合は情報量が小さいということです。「伝説ポケモンではない」というメッセージよりも、「伝説ポケモンである」というメッセージのほうが大きな情報量があることは、直感的にも納得できるかと思います。もう1つ注目してほしいのは、情報を得ることで予測が良くなっているということです。「伝説ポケモンではない」というメッセージを受けてもあまり予測は変わりませんが、「伝説ポケモンである」というメッセージを受けると予測が大きく改善します。このように、いろいろな情報をデータから得ることでより良い予測をしていくことが、後々の我々の目標になります。

演習 4-3

　Total, HP, Attack, defence, Sp.Atk, Sp.def, Speedのすべてのヒストグラムを、subplotを使って、1つの図になるように描いてください。それぞれのグラフは伝説ポケモンとそれ以外のそれぞれを重ねて描いてください。

■伝えるために■

　どの要素を取っても、伝説ポケモンはそれ以外のポケモンよりも値が大きく

---

[4] 紙面上では灰色ですが、Matplotlib上ではプログラムで指定した色がついています。

なる傾向があるようです。どんな風にどれくらい大きさが異なるのかを、我々はヒストグラム、確率分布から確認しました。例えば、単に「伝説ポケモンはそれ以外のポケモンよりもそれぞれの値が大きい」というメッセージを、グラフを見る人に伝えたいとき、ヒストグラムでは、各値についての確率まで表示されているので情報が多すぎます。値の大きさを簡潔に伝えるのもグラフの仕事です。このような場合は棒グラフにしてやりましょう。棒グラフは `bar()` 関数で描けます。それぞれがどのくらい差があるかを傾きで表現したい場合は折れ線グラフでも OK です（`plot()` 関数）。見る人へ伝えたいメッセージが一目で伝わるようにグラフを作ることが大切です。それは、グラフの種類だけでなく、色の選び方、フォントの大きさなどすべてにおいて丁寧に考えて作られるべきです。

```
1  plt.figure(figsize=(10,10))
2  T=["Total","HP","Attack","Defense","Sp. Atk","Sp. Def","Speed
      "]
3  for i in range(0,6):
4      plt.subplot(3,2,i+1)
5      # x軸は名前になる
6      x=["Legend","non-Legend"]
7  # y軸は平均値
8      y=[np.mean(data[legend==True,i]),np.mean(data[legend==Fal
          se,i])]
9      #標準偏差のエラーバーをつける
10     ysd=[np.std(data[legend==True,i]),np.std(data[legend==Fal
          se,i])]
11     plt.bar(x,y,yerr=ysd,color=["red","blue"])
12 # bar(x,y,option)が基本形
13     plt.title(T[i])
14
15 plt.show()
```

演習 4-4

Total, HP, Attack, defence, Sp.Atk, Sp.def, Speed のそれぞれについて、各 generation の平均値を比較する棒グラフを作ってください。

68   第 4 章　データ処理の準備

subplot を使って、1 つの図になるように描いてください。

■2 変数の関係 ——散布図——

　さて、それぞれの変数についての特徴はだいたい掴めたとしましょう。次に知りたいのは、2 変数の関係です。例えば、HP の値が大きいポケモンは Attack の値も大きいのでしょうか？ このような 2 変数の関係を表すのが散布図です。散布図を 2 つのヒストグラムを 2 つの次元として、2 次元上に描画していることになりますので、2 次元で確率分布を示していることとなり、関係性を表す最も基本的なグラフです。Matplotlib では、scatter() を使います。scatter(x,y,s=size, c=color) の形で使えます。size と color は省略できます。

```
1  plt.scatter(data[:,1],data[:,2],s=30,c="red") # ドットのサイズ
       を 30, 色を赤に
2  plt.xlabel("HP")
3  plt.ylabel("Attack")
4  plt.axis('square') # 正方形のグラフに
5  plt.show()
```

演習 4-5

　HP とそれぞれの値の関係を表す散布図を描いてください。繰り返しと subplot を使って、1 つの図に描いてください。

　すべての組み合わせの散布図を描くと、それぞれの変数の関係性が見やすくなります。

```
1  T=["Total","HP","Attack","Defense","Sp. Atk","Sp. Def","Speed
       "]
2  plt.figure(figsize=(18,18))
3  for i in range(7):
4      for j in range(7):
5          plt.subplot(7,7,j+1+7*i)
6          plt.scatter(data[:,i],data[:,j],s=20,c="red")
7          plt.axis('square') # 正方形のグラフに
```

```
 8          if j==0:
 9              plt.ylabel(T[i],fontsize=15)
10          if i==6:
11              plt.xlabel(T[j],fontsize=15)
12  plt.show()
```

演習 4-6 Pokemon with stats

Pokemon with stats のデータを用いて、Type1 ごとの各 columns のヒストグラムと、Type1 ごとの Total の比較をする棒グラフを作成してください。

参考文献

- 掌田津耶乃『データ分析ツール Jupyter 入門』（秀和システム，2018）
- Jake VanderPlas（菊池彰訳）『Python データサイエンスハンドブック』（オライリージャパン，2018）（英語版：`https://www.kaggle.com/timoboz/python-data-science-handbook`）

データソース

- Kaggle
  `https://www.kaggle.com`
- UCIdata
  `http://archive.ics.uci.edu/ml/`

付録 標準ライブラリ

標準的な Python の環境で使えるライブラリとして標準ライブラリが用意されていますので、ちょっとだけ見てみましょう。ライブラリの中でも、よりまとまった用途で使うときのためにグループ化された関数をモジュールと呼びます。例えば、

- Random モジュール：乱数を発生させる
- Math モジュール：複雑な計算をする
- Time モジュール：日付や時間を調べたり、計算する

70　第 4 章　データ処理の準備

などがあります[5]。

　例えば、Random モジュールの中の、整数値をランダムに返す randint()[6] 関数 を使うときは 1 行目に import random と書いて、Random モジュール を読み込みます。

　そのあと、プログラム内で、random.randint() のようにライブラリ名. の後ろに関数名を書くことで、ライブラリの関数が使えます。from random import randint として、1 つの関数だけを読み込む書き方もあります。この 場合 random. の部分は省略して、プログラム内でも randint() で使うことが できます。複数のライブラリを読み込むときなどに混乱することなく使えます。

演習 4-7

　ランダムに 1 〜 6 の数値を返すさいころプログラムを作ってみましょう

```
1  # saikoro.py
2  import random
3  a=random.randint(1,6) #
4  print(a)
5
6  # または、
7  from random import randint
8  a=randint(1,6)
9  print(a)
```

演習 4-8

　じゃんけんゲームプログラムを作ってみよう。例えば、ユーザーの手を 1：ぐー、2：ちょき、3：ぱーのように入力して、ランダムにコンピュータ の手を選んで、勝ち負けも判定してください。

---

[5] https://docs.python.org/ja/3/library/index.html 参照
[6] random.randint(1,10)　# 1 〜 10 の間の整数をランダムに選ぶ

5 統計的学習への第一歩

　例えば、ミカンを食べるときに、かごの中から1つミカンを選ぶことを考えましょう。誰でもできるだけ甘いミカンが食べたいはずです。そして、なんとなくこれはすっぱそうとかこれは甘そうとか手に取ってみればわかるような気がします。このような予測は、たくさんの過去の経験から学習して、甘さを予測するモデルを得たに違いありません。これまでに食べたミカンの傾向から、どんなミカンが甘いのかというモデルをなんとなく頭の中に持っているということです。ここでモデルと呼んでいるのは、ミカンの見た目やさわり心地などの食べる前に知ることができるデータをミカンの甘さへと変換する関数です。

　上の例のように、多数の観測データの統計的性質から、予測に使えるモデルを作るような学習を統計的学習と呼びます。

　この章では、簡単に統計の基礎について復習しつつ、統計と情報の関係について概観しておきましょう。データは Kaggle から、ソーシャルメディア予算と売上高の広告実験データを使うことにします。以下の URL からダウンロードしてください。

```
https://www.kaggle.com/fayejavad/marketing-linear-multiple
-regression
```

5.1　データを概観

5.1.1　値の確認

　前章の復習です。ファイルを展開して、Colaboratory にアップロードしてください。NumPy, pandas, Matplotlib.pyplot をインポートして、データフレームとして読み込んでください。

```
1  import numpy as np
2  import pandas as pd
3  import matplotlib.pyplot as plt
4
5  df=pd.read_csv("./Marketing_Data.csv")
6  df.head()
```

図 5.1 のようなデータフレームが表示されましたか？ 各行は商品を表し、最初の 3 列は各ソーシャルメディアでの広告予算を、最後の sales の列は売り上げ（千ドル単位）を表しています。

	youtube	facebook	newspaper	sales
0	84.72	19.20	48.96	12.60
1	351.48	33.96	51.84	25.68
2	135.48	20.88	46.32	14.28
3	116.64	1.80	36.00	11.52
4	318.72	24.00	0.36	20.88

図 5.1

どのように広告予算を配分するとより売り上げを伸ばせるのか知るために、ソーシャルメディアの予算と売り上げの関係をモデル化したいというのが今の我々の問題です。

それではまずはデータの様子を概観するために、この 4 つの列のヒストグラムを描いてみましょう（図 5.2）。

```
1  data=df.values
2  label=df.columns.values
3  # columを配列に ['youtube','facebook','newspaper','sales']
4  plt.figure(figsize=(10,10))
5  for i in range(4):
6    plt.subplot(2,2,i+1)
7    plt.hist(data[:,i])
8    plt.xlabel(label[i],fontsize=15)
9  plt.show()
```

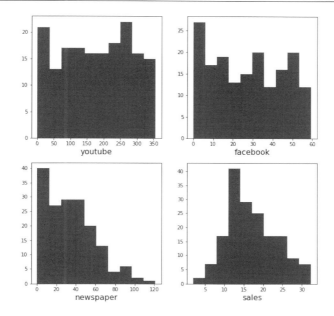

図 5.2

youtube と facebook は各値が均等に出現していますが、newspaper は大きい値は少なくなっていることがわかります。また、各メディアへの予算額は sales は 12 千ドルあたりを頂点にきれいな山型になっています。youtube の値の範囲が他に比べて広いのが少し気になりますが、各列に外れ値や異常値は含まれていないことがわかり、このまま分析できそうです。

5.1.2 相関と回帰

さて、それぞれの変数についての特徴はだいたい掴めたとしましょう。次に知りたいのは、2 変数の関係です。それでは、それぞれのソーシャルメディアの予算と売り上げの関係を示す散布図を描いてみましょう（図 5.3）。

```
plt.figure(figsize=(12,4))
for i in range(3):
    plt.subplot(1,3,i+1)
    plt.scatter(data[:,i],data[:,3])
    plt.xlabel(label[i],fontsize=15)
```

```
6    if i==0:  # 縦軸ラベルは左端だけ
7      plt.ylabel("sales",fontsize=15)
8  plt.show()
```

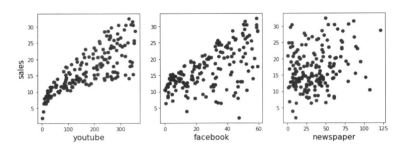

図 5.3

youtube に予算をかけるほど売り上げが良くなる、右肩上がりの関係がはっきりと見えます。facebook に関しても youtube ほどはっきりしませんが同様です。newspaper に関しては、予算額と売り上げの関連はあまりなさそうに見えます。このような関係の強さを定量化するために、相関係数（積率相関係数）を計算してみましょう。相関係数は 2 つの変数の直線的な関係の強さを表します。相関係数 r は $-1 \leq r \leq 1$ の値をとり、正の値の場合は、片方が大きくなるともう片方が大きくなる関係（散布図での右肩上がり）、負の場合には、その逆の関係（散布図での右肩下がり）を意味します（図 5.4）。値の絶対値が大きいほど関係性が強く、目安としては、r の絶対値が $0 \sim 0.3$ では弱い相関、$0.3 \sim 0.7$ で中程度、0.7 以上で強い相関を表します。

それでは、youtube の予算と売り上げの相関係数を計算してみましょう。相

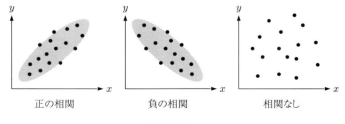

図 5.4

関係数は NumPy の `corrcoef()` という関数を用いて計算できます。

```
1  r=np.corrcoef(data[:,0],data[:,3])
2  print(r) # 相関行列を出力
3  print(r[0,1]) # 相関係数を出力
```

表 5.1 $r = \mathrm{corrcoef(x,y)}$ の出力：相関行列

	x	y
x	x と x の相関	x と y の相関
y	y と x の相関	y と y の相関

これで、相関行列が出力されます。打率と年俸の相関は 0.78 で強い相関があることがわかります。

さらに、ここに近似直線を足してみましょう（図 5.5）。ここでは、NumPy の `polyfit()` という関数を使います。`np.polyfit(x,y,n)` は、$n = 1$ のとき、$f(x) = ax + b$ として、二乗誤差 $(y - f(x))^2$ を最小にする $[a, b]$ を返します[1]。このように計算された直線式 $y = f(x)$ は、散布図の全体の傾向を表し、このような近似を最小二乗法と呼びます。

```
1  beta=np.polyfit(data[:,0],data[:,3],1)# データを 1次式でフィット
2
3  # np.linspace(min,max,n)は minから maxまでを n-1等分する等差数列
      を作ります
4  # 例えば、np.linspace(2,20,4)は [2,8,14,20]を返します
5  x=np.linspace(np.min(data[:,0]),np.max(data[:,0]),100)
6  y=beta[0]*x+beta[1] # NumPy配列はこういう計算ができるのでした
7  plt.figure(figsize=(5,5))
8  plt.scatter(data[:,0],data[:,3],s=20,c="red")
9  plt.plot(x,y)
10 plt.xlabel("youtube")
11 plt.ylabel("sales")
```

---

[1] n は近似式の次数で $n = 2$ のときは、$f(x) = ax^2 + bx + c$、というように n で近似式の次数が変わります。

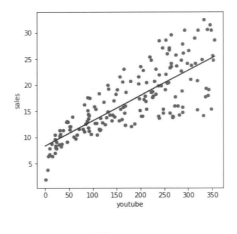

図 5.5

また、betaの値は、print(beta)としてみると、[0.04820139, 8.34194527]です。これは、

$$\text{sales} = 0.04820139 \times \text{youtube} + 8.34194527$$

という関係がsalesとyoutubeの値の間にあるということを意味しています。

> **演習 5-1**
>
> facebook, newspaperの予算についても、相関係数を計算して、近似直線をつけた散布図を描いてください。

5.2 関係の記述から予測モデルへ

近似式は、2つの変数の関係性を表しています。つまり、2つのうちの1つがわかるともう1つが計算できる、そのような関係です。さらに、これらには強い相関がありました。これは、ある程度、効果的な関係性があることを意味します。例えば、今後、youtubeにいくら予算をかければ、売り上げはいくらくらいだろうという予測を、ある程度可能にします。このように、近似式は2変数の関係を表すために作ったものですが、それだけではなく、予測にも使えそうです。これが、最も単純な形の統計的学習になります。多数のデータを処理して、その関係性を見ることで、打率から年俸を予測する予測式を作りまし

た。このように作られた予測式のことをモデルと呼び、このように観測データ
から予測モデルを作ることを統計的学習と呼び、コンピュータを用いて大量の
データを処理し、プログラムによる統計的学習を行うことを統計的機械学習と
呼びます。

5.2.1　単回帰分析をもう一度

最小二乗法での単回帰分析は、$\hat{y} = ax + b$ として $(y - \hat{y})^2$ を最小化するよ
うに、a, b を選んだ $[a, b]$ を返します。これは最もデータをよく説明できる 1 次
式モデルを統計的に学習する方法の 1 つで、データの持つ関係性から a と b を
決めるので、「a と b をデータから学習した」という見方もできます。機械学習
では、$y = ax + b$ というモデルを立てて、a と b をデータから学習するという
考え方をします。そのうえで、学習された a, b を使って新しい X に対する予
測 $Y = aX + b$ を作ります。

さて、ここからは、機械学習用のライブラリである scikit-learn を使って単回
帰分析をやってみましょう。下の通りです。`reshape(-1,1)` があるので、少
しややこしく見えますが、これはあまり気にしなくても構いません。これがあ
る理由としては、scikit-learn では、複数列を扱うことを前提としているため、
データが縦方向に入っていることを求められますが、NumPy は 1 次元のデー
タは自動的にベクトルにしてしまうので、縦横でいうと横に連なったデータに
なってしまいます。これを、縦 1 列に変形していると思ってください[2]。

```
1  from sklearn.linear_model import LinearRegression
2
3  model = LinearRegression() # モデルを作ります。ここでは a,bは
       まだ学習されてません
4  model.fit(data[:,0].reshape(-1, 1),data[:,3]) # モデルをデータ
       で学習させます。
5  # fit()には、(n行 1列)の行列を入れる
6
7  print(model.coef_) # coefficient, 係数 y=ax+bの a
8  print(model.intercept_) # intercept, 切片 y=ax+bの b
9
```

---

[2] `reshape(a,b)` で、NumPy 配列を $a \times b$ のサイズに変更できます。さらに、a, b のいずれ
　かに -1 を入れるともう一方の値から、-1 を入れたほうの値を決めてくれます。

```
10  print(model.score(data[:,0].reshape(-1, 1),data[:,3]))
11  # score()で予測の良さを返します。linearRegression()のモデルでは
       R^2値です
12
13  ybar=model.predict(data[:,0].reshape(-1,1)) # predict()で予測
       値を返します
14  plt.scatter(data[:,0],data[:,3])
15  plt.plot(x,ybar,color="red")
16  plt.show()
```

　機械学習用のライブラリである scikit-learn は多くの関数を持っています
が、ひとつの分析で使う関数は、そこで使うモデルの形によって決まるの
で多くても数個、ここでは線形回帰の関数 LinearRegression() のみです。
ややこしさを避けるため、from（**ライブラリ名**）import（**関数名**）の形で
LinearRegression() をインポートしましょう。

　scikit-learn では、たくさんの種類の機械学習のモデルが使えますが、使い方
はすべて共通です。最初に 2 行目のように model を定義して、fit() メソッ
ドを作って model を学習させます。それから、score() メソッドでモデルの
良さを評価して predict() メソッドにより、未知のデータに対する予測が可
能になります。

演習 5-2

　scikit-learn を使って、従属変数を sales、独立変数を Facebook, NewsPaper
として、単回帰分析を行い coefficient と intercept を出力してくださ
い。また、それぞれの R^2 値を比べてください。

5.2.2　重回帰分析

　このデータでは、youtube の予算が 1 番売り上げに与える影響が大きいと言
えますが、それ以外にも同時に、Facebook や NewsPaper の予算も売り上げに
影響を与えている可能性があります。それぞれの変数の売り上げへの影響を単
回帰分析で求めること可能ですが、変数同士も相関を持つため、解釈は非常に
複雑になります。

そこで、今までは、

$$y = \beta_0 + \beta_1 \times x \quad (\beta_0 が切片、\beta_1 が係数)$$

というモデルを使っていましたが、n 個の独立変数について、

$$y = \beta_0 + \beta_1 \times x_1 + \beta_2 \times x_2 + \beta_3 \times x_3 + \beta_4 \times x_4 + \cdots + \beta_n \times x_n$$

という形で、n 個の独立変数を同時に 1 つの線形式に入れてしまうことにしましょう。このようなモデルを使うことを重回帰分析と呼びます。

具体的なやり方は、単回帰式と同様で、観測数が k のデータに対して、単回帰では独立変数として k 行 1 列の行列を使っていましたが、重回帰では、n 個の独立変数を用いるときに、k 行 n 列の行列を x として指定するだけです。scikit-learn の `LinearRegression()` は、重回帰分析を前提にしていますので、ここでは `reshape(-1,1)` が消えて、単回帰よりもコードは却ってシンプルになります。

```
 1  from sklearn.linear_model import LinearRegression
 2
 3  model = LinearRegression() # モデルを作ります。ここでは a,bは
        まだ学習されてません
 4  model.fit(data[:,0:3],data[:,3]) # モデルをデータで学習させます
 5  # fit()には、(n行 1列)の行列を入れる
 6
 7  print(model.coef_) # coefficient, 係数 y=ax+bの a
 8  print(model.intercept_) # intercept, 切片 y=ax+bの b
 9
10  print(model.score(data[:,0:3],data[:,3]))
11  # score()で予測の良さを返します。linearRegression()のモデルでは
        R^2値です
```

演習 5-3　スタートアップ企業の利益予測

スタートアップ企業 50 社の収益についてのデータです。最初の 3 列が、開発、事務、マーケティング支出、最後の列が利益になります（4 列目の会社の所在地は使わない）。これらをつかって、利益を予測する重回帰式を作ってください。

```
https://www.kaggle.com/karthickveerakumar/startup-logistic
-regression
```

5.2.3　ロジスティック回帰分析

重回帰分析では、従属変数は $-\infty \sim \infty$ の範囲をとります。従属変数が割合、もしくは確率である場合はどうすればいいでしょうか？ ある確率を P として、
$$P = \beta_0 + \beta_1 \times x_1 + \beta_2 \times x_2 + \beta_3 \times x_3 + \beta_4 \times x_4 + \cdots + \beta_n \times x_n$$
とするのでは、割合や確率は $0 \sim 1$ の範囲しかとれないのでおかしくなります。また、その $0 \sim 1$ の間でも、0.5 と 0.6 の違いは、0.9 と 1 の違いと同じでしょうか？ そこで、ロジットと呼ばれる関数を用います。ロジット関数は、
$$\mathrm{logit}(P) = \log \frac{P}{1-P}$$
で表されます。グラフで描くと図 5.6 の通りです。

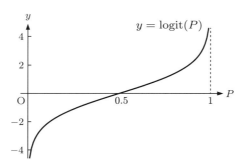

図 5.6

このグラフの真ん中、確率 0.5 あたりを見るとほぼ、直線で近似できることがわかります（$P = 0$ のときは $-\infty$、$P = 1$ のときは ∞）。このロジット関数を用いて、従属変数を変換して、
$$\log \frac{P}{1-P} = \beta_0 + \beta_1 \times x_1 + \beta_2 \times x_2 + \beta_3 \times x_3 + \beta_4 \times x_4 + \cdots + \beta_n \times x_n$$
として、計算することで、重回帰分析と同じように、従属変数が割合や確率が予測できるようになります。これをロジスティック回帰分析と呼びます。

やり方は scikit-learn を使うと重回帰のときとほとんど同じで、インポートする関数を LinearRegression から LogisticRegression に変えるだけです。また、LogisticRegression() では、score メソッドで 2 値分類の正答率を返します。ロジスティック回帰のいいところは、二値分類に使えるところです。ロジスティック回帰では、ある割合の関係式を作ることがもともとの目的ですが、この割合が 0.5 のときを境目として用いることで、カテゴリー分類の判別式となります。それではやってみましょう。

▌ **演習 5-4　NBA 選手のキャリア予測**
NBA のバスケットボール選手のルーキーイヤーの成績と、最後の列にそれぞれの選手が 5 年後もプロ選手でいたか (yes = 1, no = 0) についてのデータです。ロジスティック回帰を用いて、ルーキーイヤーの成績から、5 年後のキャリアを予測するモデルを作成し、正答率を確認しましょう。

5.3　統計的機械学習

ここまで見たように、我々は手元にあるデータを基に、データの中にある関係性を見つけ出すことができれば、未知のデータにその関係性を適用することで、未知の事象の予測に使える可能性があります。現在、我々はたくさんのデータを使うことができますし、プログラムを書くことで強力な計算能力も簡単に利用することができます。このため、手続き上はいろいろなことを手軽に予測できる環境がそろっているとも言えます。このような環境で、我々が本当に意味のある予測をするためには、統計の知識、情報科学の知識に加えて、予測したい事象に関する知識も必要であることを、もう一度確認してほしいと思います。

参考文献

- 掌田津耶乃『データ分析ツール Jupyter 入門』（秀和システム，2018）
- Wes McKinney（瀬戸山雅人・小林儀匡・滝口開資訳）『Python によるデータ分析入門　第 2 版』（オライリージャパン，2018）

6 統計的機械学習の実践

近年、我々が扱うことができるデータは、インターネット技術のユビキタス化、コンピュータの処理容量の増加などにより爆発的に増大しました。最近のAIブームは、このように得られた大量のデータを処理することで、データから新しい知識を得ることができるようになったことに支えられています。機械学習は現在のAIブームの中心的な役割を担う技術で、何かしらの目的を達成するために必要な知識を、存在するデータからプログラムに獲得させるための技術を指します。ですので、多くの場合は訓練データから知りたいことを知るためのモデルを獲得し、そのモデルを未知のテストデータで評価するという形になります。

6.1 機械学習の種類

機械学習は、その学習方式によって、(1) 教師あり学習、(2) 教師なし学習、(3) 強化学習の3つに分けられます。

6.1.1 教師あり学習

教師あり学習は、正解とともに訓練データが与えられる場合の学習です。この正解のデータを教師シグナルと呼びます。回帰や分類に使われます。ディープラーニング[1]を含む、ニューラルネットも基本的にはここに含まれます。この授業では、この教師あり学習を中心に練習しましょう。

例) 身長、体重、性別から年齢を予測する、迷惑メールを分類、文字認識

---

[1] ディープラーニングの特殊性は、自己組織化にあります。教師信号による学習の前に、多層ニューラルネットによってより高次の情報表現を獲得し、概念のような抽象的なものを作り上げておくことで、今まで以上の効率で教師あり学習を進めることができます。

6.1.2 教師なし学習

自己組織化学習とも呼ばれたりします。多数のデータのみが与えられ、何をすべきかを指す教師シグナルはありません。どのようなデータが存在し、どのように構造化できるのかを学習します。クラスタリングや次元圧縮に用いられます。

例）クラスター分析、因子分析、主成分分析など

6.1.3 強化学習

試行錯誤による学習です。教師シグナルはありませんが、行動の結果として報酬や罰が与えられるような学習です。より良い結果を得る行動に高い価値を与え、この価値関数を更新することでより良い結果が得られる方向に学習を進めます。動的計画法やモンテカルロ法も含むこともあります。

例）囲碁、将棋などのゲーム AI やロボット制御

6.1.4 実際の手続きについて

図 6.1 のような流れになります。まず、どのような問題をどのような機械学習によって解決できるのか、どのようなデータを利用できるのかという問題の定式化が必要です。持っているデータから統計的に妥当な判断をするためのモデルを作成するのが機械学習です。何をどうやって明らかにするのかということを明確にしてください。まず、正しく問題を把握しましょう。続いて、データの前処理を行います。データは何かしらの観測の記録です。そのままではモデルに適合しない、もしくは良いモデルが作れないことがほとんどです。データからモデルに合った特徴量を作成する必要があります。欠損データの有無、データのヒストグラム、どのデータをどのように利用するかを確認して、学習アルゴリズムに適した表現に生データを変換します。このように、学習アルゴリズムに学習させる特徴量を作成します。予測の成否を決めるのはこの段階の作業だと思ってください。

最後に、適切なモデルを選択して学習します。これは、以前に扱った重回帰やロジスティック回帰も選択肢の 1 つです。また、他のモデルを選択することも可能です。ここでの学習は、モデルに含まれるパラメータを、目標となる教師信号とモデルの出力の差が最小になるように最適化します。このような誤差の大きさを表す関数を損失関数と呼びます。例えば、5 章の重回帰分析では最

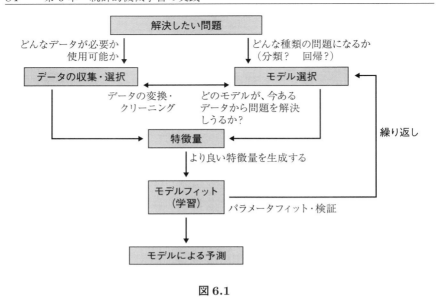

図 6.1

小二乗法を用いましたので、誤差を二乗した値の平均値である平均二乗誤差が損失関数です。モデルと目的に合ったものを選ぶ必要があります。

このような手続きによって、新しいデータに関する予測を可能とするモデルが生成されます。

6.2 課題の種類

統計的機械学習による課題解決には、大きく分けて回帰と分類があります。回帰においては、出力するのは数値です。野球選手の成績から年俸を予測したり、PCの性能から値段を予測したりするような、数値を予測する場合を指します。分類課題では、出力するのはカテゴリーです。商品の購入履歴から性別を予測したり、画像の中に人がいるかいないかを判別したりするようなカテゴリーを予測する場合です。

6.3 機械学習をとにかくやる

機械学習を行うにあたって、最終的に我々が作りたいのは予測モデルです。予測モデルは、観測データに対してモデルのパラメータをフィットすることに

6.3 機械学習をとにかくやる **85**

より学習されます。このとき、どのような形で観測データをモデルに渡すかということが、予測モデルの精度を大きく変えることがあります。

練習用のデータを manaba からダウンロードしてください (boston.zip)。データは、こちらからもダウンロードできます。

https://www.kaggle.com/t/3c3615ff74ba44ef9a3bf54298e93f22

展開すると中に、train.csv、test.csv の 2 つのファイルが入っています。まず、train.csv は訓練データです。このデータを使ってモデルを作ります。train.csv には、ボストンの町のいろいろな条件とその町の住宅価格が入っています。これを使って、いろいろな条件から住宅価格を予測することが課題です。

test.csv には住宅価格が入っていません。これを未知のデータとして考えましょう。train.csv から作成したモデルを使って、test.csv にある条件の町の住宅の価格を予測します。この 2 つのファイルを使って機械学習の手順を練習しましょう。

6.3.1 モデルの作成

最初に取り組むのは、訓練データを学習させることです。まずは、4 章の復習です。これをデータフレームとして読み込んでください。以後このデータを扱います。データの各列の意味は表 6.1 の通りです。

次に、5 章の復習です。必要なライブラリをインポートして、データフレームとして読み込みましょう。

```
1  import pandas as pd
2  import numpy as np
3  import matplotlib.pyplot as plt
4
5  df=pd.read_csv("./train.csv",index_col=0)
6  df.head()
```

無事読み込めましたでしょうか？ 次に、データの概要を掴みましょう。

```
1  df.describe()
```

すべての列が数値として扱えそうです。また、LSTAT だけデータの数が少ないことがわかります。これは欠損値で、何かしらの理由でデータが取れな

86　第 6 章　統計的機械学習の実践

表 6.1

CRIM	その町の犯罪率
ZN	広い家の割合（25000 ft^2 以上の住宅地の割合）
INDAS	産業の大きさ（その町の非小売業の割合）
CHAS	チャールズ川に接しているか（YES = 1，NO = 0）
NOX	空気のきれいさ（NOx の濃度）
RM	大きな建物の割合（その町の 1 戸当たりの平均部屋数）
AGE	古い家の割合（1940 年以前の建築物の割合）
DIS	主要施設への距離（boston 雇用センターへの距離）
RAD	主要道路へのアクセスの良さを表す指数
TAX	固定資産税率
PTRATIO	教育の充実（先生と生徒の割合）
B	黒人の割合（$B = 1000 * ($黒人の割合 $- 0.63)$）
LSTAT	低所得者の割合
MEDV	住宅価格の中央値、この課題での従属変数です。

かったか、使えないということになります。とりあえずは、LSTAT は使わな
いことにして、NumPy 配列に変換しましょう。

```
1  y=df["MEDV"].values # 住宅価格は従属変数なので別の配列に
2  x=df.iloc[:,0:12].values # 12行目が LSTATなので 11行目まで
```

　ここで、ヒストグラムや散布図を書いて、データを確認します。ここでは省
略しますので、各自確認してみてください。
　さて、この課題は、住宅価格という数値を予測するものです。4 章で使った
重回帰分析での予測をやってみましょう。

```
1  from sklearn.linear_model import LinearRegression
2
3  model=LinearRegression()
4  model.fit(x,y)
5
6  #print(model.coef_)
7  #print(model.intercept_)
8  print(model.score(x,y)) # R^2値を出力
```

```
 9  #以下、一応グラフにしてみる。
10  ybar=model.predict(x) # predict()で予測値を返します
11  plt.figure(figsize=(5,5))
12  plt.scatter(ybar,y)
13  plt.ylabel("actual")
14  plt.xlabel("prediction")
```

これで、グラフとスコア（R^2 値）が出力されます。ボチボチの予測になっているのではないかと思います。ここでは、訓練データそのものがモデルによって、どの程度予測されたかを表します。つまり、学習したデータそのものを予測しなおしているだけなので、このスコアは良くて当然です。我々は、新しい、未知のデータをより良く予測できるモデルが欲しいはずです。このモデルは未知のデータに本当に通用するでしょうか？ 今存在するデータはよく説明できても、未知のデータの予測に使えるかどうかは全く別の話です。

6.3.2 未知のデータでのパフォーマンスを予測する

未知のデータでより良い予測をするモデルを作成するには、学習に用いていないデータでスコアを検証する必要があります。このための1つの方法として、訓練データを、学習用とその検証用の2つに分けて、学習用データでモデルを作成して、そのモデルを学習には使っていない検証用のデータで確かめるという手続きを取ります。

scikit-learn には、学習用と検証用にデータを分割するための関数 train_test_split() が用意されています。これを使って書き直してみましょう。

```
1  from sklearn.linear_model import LinearRegression
2  from sklearn.model_selection import train_test_split
3
4  # 訓練用 (x_train,y_train) と検証用 (x_test,y_test) に分ける
5  x_train, x_test,y_train,y_test=train_test_split(x,y, random_s
       tate=0)
6  # random_stateは乱数の初期値。これを固定することで同じ分割がされる
7
8  model=LinearRegression()
```

```
 9 | model.fit(x_train,y_train) # 学習用データで学習
10 |
11 | print("train:",model.score(x_train,y_train)) # 学習用データで
   | のスコア
12 | print("test:",model.score(x_test,y_test)) # 検証用データでのス
   | コア
```

いかがでしょう？ おそらく、検証用のスコアのほうがやや悪かったのではないでしょうか？ `train_test_split()` は、ランダムにデータを2つに割り振りますので、偶然、検証用のほうが良くなることもありますし、逆もありえます。試しに、`random_state=0` を消して、何度も実行してみてください。この、検証用データでのスコアが未知のデータで得られるであろうスコアになるはずです。理想的には、この2つのスコアは同じくらいになるのが好ましいところです。これらのスコアが等しいということは、学習用のデータで、真のモデルに近いものが学習できたことを意味します。学習用のデータのスコアのほうが良かった場合は、検証用データには含まれない、学習用のデータにのみ当てはまるルールまで学習してしまっていることを意味します。これを過学習と呼びます（この逆は学習不足です。そもそもスコア自体が悪くなります）。我々は、未知のデータで良いパフォーマンスを発揮するモデルを作りたいので、手持ちのデータからいかに過学習を防ぐかというのは大きな問題です。一般的に、より複雑なモデルほど過学習を起こしやすくなります。バイアス－バリアンストレードオフと呼ばれるのですが、複雑なモデルは精度の高い予測をしますが、過学習すると的外れな解を返し、単純なモデルは精度は悪いのですが汎化性能は高くなる傾向があります（図 6.2）。

6.4 いろいろなモデル（リグレッション）

さて、scikit-learn の良いことは別のモデルも簡単に試せることです。ここで、いくつかの別のモデルを試してみましょう。この課題は回帰ですので、ここでは代表的な回帰のモデルを試してみます。

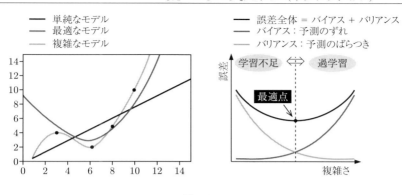

図 6.2

6.4.1 k-nearest neighbor regression

nearest neighbor はとても単純で、同時に強力な手法です。単純に新しいデータに対して、既知のデータの中で一番近い値を予測値として与えます。学習でも何でもないように思えますが、訓練データが十分にありさえすれば、モデルに関して何の前提条件も持っていないため、非常に強力です（重回帰分析では、データの線形性を仮定しています）。k-nearest neighbor というときは、最も近いデータだけではなく、近い順に k 個のデータを用いるという意味です。

具体的には、以下の通りです。k-nearest neighbor ですので、k の値を与える必要があります。このように、分析者が与えなければならない値のことをハイパーパラメータと呼びます。この値によっても、成績が変わりますので、いろいろ試してみてください。

```
from sklearn.neighbors import KNeighborsRegressor
from sklearn.model_selection import train_test_split

x_train, x_test,y_train,y_test=train_test_split(x,y,random_st
    ate=0)

model=KNeighborsRegressor(5) # kにあたる値を指定します
model.fit(x_train,y_train) # 学習用データで学習

print("train:",model.score(x_train,y_train)) # 学習用データで
    のスコア
```

90 第 6 章 統計的機械学習の実践

```
10  print("test:",model.score(x_test,y_test)) # 検証用データでのス
        コア
```

6.4.2 Lasso 回帰、Ridge 回帰

重回帰分析では、すべての列を用いて回帰問題を解きました。この場合、全く予測に寄与しない列がある可能性や、別の特徴と同じような特徴量を含んでしまって、必要以上に複雑なモデルを作ってしまっている可能性があります。このようなとき、未知のデータへの予測は悪くなります。これを避けるために、損失関数、つまり誤差を計算する際に多くの列を含みすぎないようにペナルティをかけているのが Lasso 回帰、Ridge 回帰です。Lasso のほうがペナルティが大きく、より少ない特徴量を使用することになります。このような方法は、独立変数（データの列）がたくさんあって、そのうちのすべてに意味があるとは限らないような場合により良く使えます。

```
1   from sklearn.linear_model import Lasso # Lassoを Ridgeに置き換
        えると Ridge回帰
2   from sklearn.model_selection import train_test_split
3
4   # 訓練用 (x_train,y_train) と検証用 (x_test,y_test) に分ける
5   x_train, x_test,y_train,y_test=train_test_split(x,y)
6
7   model=Lasso() # Lassoを Ridgeに置き換えると Ridge回帰
8   model.fit(x_train,y_train) # 学習用データで学習
9
10  print("train:",model.score(x_train,y_train)) # 学習用データで
        のスコア
11  print("test:",model.score(x_test,y_test)) # 検証用データでのス
        コア
```

6.4.3 サポートベクターリグレッション

サポートベクターマシン（6.6.4 節で説明）の回帰問題への拡張です。非線形な問題も解くことができます。C と γ、さらにカーネル関数の 3 つのハイパーパラメータを持っています。C はどの程度間違いを許容するか、γ は近

似曲線の複雑さの度合いを表します（図 6.3）。カーネル関数は linear, rbf, polynomial などが選べますが、とりあえず何も考えずに rbf で問題ないと思います。

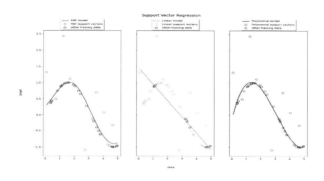

図 6.3

https://scikit-learn.org/stable/auto_examples/svm/plot_svm_regression.html#sphx-glr-auto-examples-svm-plot-svm-regression-py を参考に作成。

```
from sklearn.svm import SVR
from sklearn.model_selection import train_test_split

# 訓練用 (x_train,y_train) と検証用 (x_test,y_test) に分ける
x_train, x_test,y_train,y_test=train_test_split(x,y,random_state=0)

model=SVR(kernel='rbf', C=100, gamma=0.1)
model.fit(X,Y) # 学習用データで学習

print("train:",model.score(X,Y))
print("test:",model.score(Xtest,Ytest))
```

いかがでしょうか？ いろいろなモデルを試しましたが、あまり良い結果が出たとも言えないのではないでしょうか？ それは、データの前処理を全くしていなくて、モデルに投入したデータがきれいでないことが原因です。次に、データをモデルに投入する特徴量としてふさわしい形に変えるための処理を練習しましょう。

92　第 6 章　統計的機械学習の実践

6.5　データのプリプロセッシング

　データの前処理の練習を兼ねて、次はもう 1 つの課題のタイプである分類課題に取り組んでみましょう。データは、また、manaba からダウンロードして、データフレームとして読み込んでください (titanic.zip)。データは、タイタニック号が沈没したときの、乗客の情報と生き残ったか否かが与えられています。ここでの課題は、乗客の情報から生き残ったか否かを予測するモデルを作ることです。[2]

```
1  import pandas as pd
2  df=pd.read_csv("./titanic.csv")
3  df.head()
```

　Survived は生き残った (1) か否 (0) か、Pclass はチケットの等級 (1 = 1st, 2 = 2nd, 3 = 3rd)、Sex は性別、Age は年齢、sibsp は、同乗の配偶者・兄弟の数、parch は同乗の親・子供の数、ticket はチケットナンバー、fare は料金、cabin は客室番号、embarked は乗った場所（C = Cherbourg：シェルブール、Q = Queenstown：クイーンズタウン、S = Southampton：サウサンプトン）です。

　0 行目や 2 行目の Cabin の列に NaN というのが見えると思います。これは、Not a Number のことで、空欄です。まずは、この欠損値を処理しましょう。

6.5.1　欠損値の扱い

　まず、欠損値を確認しましょう。欠損値を確かめるメソッド isnull() を用います。これは値が入っていると False, 欠損値 (NaN) のときに True を返します。

```
1  df.isnull()
```

　True と False の入ったデータフレームが表示されたと思います。いくつか True があることもわかりますが、なんだかこれではよくわかりません。True

---

[2] このデータは非常に有名で、多くのサイトや本で解説されていますので、興味のある人は探してみてください。以下の URL で、このデータに関するコンペティションがあります。ここでも、いろいろなノートブックが見られます。
https://www.kaggle.com/c/titanic

は 1、False は 0 として計算できることを利用して、True の数を数えましょう。sum() メソッドを使います。

```
1  df.isnull().sum()
```

これでどの列にいくつ欠損値があるかわかったと思います。Age に 177 個と Cabin に 687 個、Embarked に 2 個の欠損値があります。欠損値の処理ですが、まず欠損値を含む列すべてを使わないという選択肢があります。あまりにも欠損値が多すぎる場合などにはその列自体が役に立たない可能性が高いので思い切って捨ててしまうのがよさそうです。とりあえず、Cabin は使わないことにしましょう。pandas で、行または列を指定して削除するには drop() メソッドを利用します。もちろん、NumPy 配列にしてから削除してもいいのですが、ここでは pandas を使ってみましょう。また、drop() メソッドは、新しいデータフレームを作り、元のデータフレームを変更しないことに注意してください。

```
1  df2=df.drop(columns="Cabin")
```

Drop メソッドは引数に columns="Label", もしくは index="Label"で列または行を削除できます。複数行、複数列を削除したい場合はリスト形式で columns と index を指定します。ここでは、列を削除しましたが、欠損データ数が少ない場合には、欠損データを含む観測データを削除するということも考えられます。例えば、ここでの Embarked は 2 人だけが欠損しています。この場合、この 2 人を削除することが考えられます。

欠損値の含まれる行を削除するためのメソッドは dropna() です。これも、新しいデータフレームを作るメソッドで元のデータフレームを変更しないことに注意してください。

```
1  df3=df2.dropna()
```

このようにすると、欠損値を含む行がすべて削除されます。今、Age にも欠損値があるため、Age が欠損している乗客も削除されてしまいます。Embarked に欠損がある乗客だけ削除したい場合は、

```
1  df3=df2.dropna(subset=["Embarked"])
```

94 第 6 章 統計的機械学習の実践

のようにどの列に欠損値を含む場合に削除するかを指定します。列の指定は、リスト形式ですので [ ] を忘れないでください。

　ここまでは、欠損値を削除することばかり考えてきましたが、欠損値に何か値を入れてあげるという解決もありえます。データの厳密さという意味では、あまりやりたくないことではありますが、多くのデータがどこかに欠損値を持っている場合や、予測したいデータにも欠損が起こりうる場合などには、欠損値を補完してあげることが必要になります。どのような値を入れるといいでしょうか？　それは、用いるモデルやデータの性質に依存します。例えば、重回帰のような線形回帰であれば、他のデータから計算された算術平均値を入れておけば、ほとんどモデルには影響はないはずです。k-nearest neighbor のようなモデルでは、欠損値を表す値 0 や負の数、またはデータには現れない大きな数などを入れておけば、同じように欠損値を持つデータは近いデータと認識するはずです。

　欠損値を置き換えるためのメソッドとして fillna() が用意されています。使い方は以下の通りです。

```
1  df4=df3.fillna(20)
```

　このように書くと、行や列を問わず、すべての欠損値が引数で与えられた値で置き換えられます。特定の列の値を特定の値に置換したい場合は、以下のように、列の名前と値をセットで指定します。

```
1  df4=df3.fillna({"Age": 20, "Embarked": "unknown", "Cabin": "n
     o cabin"})
```

　また、平均値で置き換えたい場合は、df3.mean() で平均値が計算されるので、以下のようにこれを引数に指定すると、対応する列の平均値で置き換えることができます。

```
1  df4=df3.fillna(df3.mean())
```

　df3.mean() の代わりに median() や他のメソッドを使うことでいろいろな置き換えが可能です。これで、欠損値は処理ができました。ここまでで、Cabin は列ごと削除、Age は平均値で置換、Embarked は NaN を "unknown" で置き換えたものとして進めます。

6.5.2 カテゴリー変数の扱い

　ここからは、scikit-learn を使いますので、この時点で NumPy 配列にして
しまいましょう。　次に、カテゴリー変数を処理したいと思います。カテゴ
リー変数とは、数値ではなく、カテゴリーで表される変数です。ここでは、Sex
や Embarked、さらに、ticket や Pclass、Cabin も数値ではないのでカテゴ
リー変数です。Pclass のように 1, 2, 3 の数値が割り振られていても、これら
が量を表していない場合にはカテゴリー変数であり、数値としては扱えないこ
とに注意してください。

█ Label encoding █

　Label encoding とは、各カテゴリーごとに異なる数値を当てはめることで
す。例えば、Embarked の列において、S は 1、C は 2,... のように数値を割り
振るような感じです。このデータでの Pclass はすでに label encoding がされ
ている状態です。気をつけたいのは、label encoding された数値は、量を表し
ていないので、独立変数を量として扱う分析（線形回帰の仲間やベイズに基づ
く手法など）では、誤った結果を導きます。一方で、*k*-nearest neighbor やあ
とで紹介する decision tree を基にする方法では、全く問題ありません。

　変換の方法ですが、scikit-learn の preprocessing モジュールの中の関数
OrdinalEncoder() を使って、変換できます (sklearn.preprocessing には
LabelEncoder() もありますが、ここでは OrdinalEncoder() を使います)。

```
1  df5=df4
2  from sklearn.preprocessing import OrdinalEncoder
3
4  encoder=OrdinalEncoder() # 変換のための変換器を作ります。
5  encoder.fit(df5["Embarked"].values.reshape(-1, 1)) # 変換器を
       データに合わせます
6  e=encoder.transform(df5["Embarked"].values.reshape(-1, 1)) #
       変換します。
7  df5["Embarked"]=e
```

以下のように、複数列を同時に変換することもできます。

```
1  from sklearn.preprocessing import OrdinalEncoder
2  L=["Embarked","Sex"]
```

```
3  encoder=OrdinalEncoder()
4  encoder.fit(df5[L].values)
5  e=encoder.transform(df5[L].values)
6  df5[L]=e
7  df5.head()
```

One-hot encoding

最もよく使う方法で、ある意味万能です。例えば、表6.2のような変数があったときに、

表6.2

id	feature
1	categoryA
2	categoryB
3	categoryC
4	categoryA
5	categoryC

これを、それぞれ3つの列に分解して、category A, B, C のそれぞれが当てはまるか否かを、以下のように表す特徴へと変換します。

id	categoryA	categoryB	categoryC
1	1	0	0
2	0	1	0
3	0	0	1
4	1	0	0
5	0	0	1

このようにすることで、ほとんどの手法でカテゴリー変数が扱えるようになります。変換の方法ですが、scikit-learn の preprocessing モジュールの中の関数 OneHotEncoder() を使って、変換できます。

```
1  df5=df4
2  from sklearn.preprocessing import OneHotEncoder
3  L=["Pclass","Embarked","Sex"]
4  encoder=OneHotEncoder(sparse_output=False)
5  encoder.fit(df5[L].values)
6  e=encoder.transform(df5[L].values)
7
8  label = encoder.get_feature_names_out(["Pclass","Embarked","S
      ex"])
9  df5[label] = pd.DataFrame(e, columns=label)
```

One-hot encoding は、情報として冗長です。例えば、上の A, B, C 3 つ
のカテゴリーの例でいうと、category A, category B の列だけで十分で、
category C の列は必要ありません[※3]。1 列余分に持っていることになります。
OneHotEncoder() のオプション、drop="first"とすることで、この 1 列落
とした形（ダミー変数と言います）を作れます。

```
1  encoder=OneHotEncoder(sparse_output=False,drop="first")
```

他にも、count encoding などいろいろな方法が工夫されていますが、データ
とモデルの性質から見たいものを見るために工夫されたものです。皆さんも、
よりよくデータを見られる方法があれば、独自の方法でも OK です。

また、生データでは数値で表されていても、カテゴリー変数に変換したほう
がよい場合もあります。例えば、血圧などは、それ自体は量を表す数値ですが、
ある値よりも大きい高血圧の人は、それ以下の正常値の人に比べて、特定の病
気になりやすいということがあります。しかし、平常値の範囲内で、血圧が高
い人ほどその病気になりやすいということはなかったりします。このような場
合は、元データが数値であっても、高血圧か正常化のカテゴリーにしてしまっ
たほうが、病気の予測には役立つことになります[※4]。データを可視化してよく
考えてください。

[※3] A の場合、(category A, categoty B, category C)= (1, 0, 0)、B の場合、(0, 1, 0)、C
の場合、(0, 0, 1) の 3 次元で表現されていますが、(category A, categoty B)= (1, 0)、
(0, 1)、(0, 0) で十分です。

[※4] https://scikit-learn.org/stable/modules/preprocessing.html#
discretization

98　第 6 章　統計的機械学習の実践

▌新しい特徴量▌

　データをよく見てみると、Fare は乗船のための料金のはずですが、家族が
いる人ほど大きな数値になっていることがわかります。おそらく、これは家族
分を含めた合計金額なのではないかと思われます。そうすると、1 人当たりの
料金を考えたほうがよいかもしれないという発想が得られます。以下のように
すると、データフレームの右端に新しい Fare1 という新しい列を作ることがで
きます。

```
1 df5["Fare1"]=df5["Fare"]/(df5["SibSp"]+df5["Parch"]+1)
```

　このように、新しい特徴量を作ることもより良い予測を導く場合があります。
特に、交互作用特徴量、複数の特徴量の積や商によって作られる特徴量を与え
ることは特に有効です。例えば、Sex_cat と Parch の積をとることで、子供連
れの女性を表す特徴量を作ったり、Age と Fare1 を使って、若いのに高いお金
を払っている人を表す特徴量を作ったりといったことが可能です。また、我々
はデータを扱っているので、データだけからうまく予測ができればいいのです
が、専門知識を用いて有効そうな特徴量を作ることも、実際の場面では重要に
なってきます。

6.5.3　データの変換

　Name, Sex, Ticket, Embarked, Pclass, Fare の列はもう不要なので、drop
してしまいましょう。

```
1 df_last=df5.drop(columns=["Name","Sex","Ticket","Embarked","P
    class","Fare"])
2 df_last.head()
```

　pandas はここまでです。グラフを書いたり、簡単な計算をしたりというこ
とは pandas でもできるのですが、ここからは NumPy 配列にして処理しま
しょう。

```
1 y=df_last["Survived"].values
2 x=df_last.iloc[:,2:13].values
```

　それでは、量を表す列について、ヒストグラムを確認しましょう（図 6.4）。

```
1  import matplotlib.pyplot as plt
2  plt.figure(figsize=(10,4))
3  plt.subplot(1,2,1)
4  plt.hist(x[:,1])
5  plt.title("AGE")
6  plt.subplot(1,2,2)
7  plt.hist(x[:,10])
8  plt.title("Fare1")
```

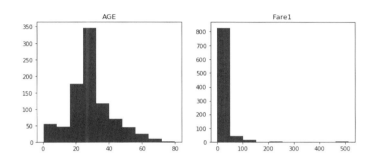

図 6.4

　これらを見てわかることは、2種のデータのスケールは大きく違うということ、それから、Fare1 はいびつな形の分布になっているということがわかります。nearest neighbor のような方法だと、いずれも全く問題ないのですが、選ぶモデルによっては、とりうる値の幅は大きな影響がありますし（線形回帰の仲間やサポートベクターマシン）、多くの方法が釣り鐘型のヒストグラムを前提としていますので、Fare1 のような歪んだ分布は嫌います。

スケーリング

　1つのスケーリングの方法は、$[0,1]$ の値をとるように変換することです。この場合、$(x-\min(x))/(\max(x)-\min(x))$ の計算を使います。もう1つのよくある方法は、標準化です。標準化は、$(x-\mathrm{mean}(x))/\mathrm{std}(x)$ の計算により、平均が 0、標準偏差が 1 になるように値を変換します。これらの処理は、NumPy の機能で計算してもいいのですが、scikit-learn の preprocessing のモジュールを使うと便利です。

```
1  from sklearn.preprocessing import MinMaxScaler # スケーリング
2  from sklearn.preprocessing import StandardScaler # 標準化
3  from sklearn.linear_model import LogisticRegression
4  from sklearn.model_selection import train_test_split
5
6  # 訓練用 (x_train,y_train) と検証用 (x_test,y_test) に分ける
7  x_train, x_test,y_train,y_test=train_test_split(x,y)
8
9  scale=MinMaxScaler() # scale変換の関数を準備。標準化では Standard
     Scaler()
10 scale.fit(x_train) # x_trainを用いて、scaleを学習
11 x_train_scale=scale.transform(x_train) # 学習済み scaleを x_tra
     inに適用
12 x_test_scale=scale.transform(x_test) # 同じ scaleを x_testに
     適用
13
14 model=LogisticRegression()
15 model.fit(x_train_scale,y_train) #学習用データで学習
16
17 print("train:",model.score(x_train_scale,y_train)) #学習用デ
     ータでのスコア
18 print("test:",model.score(x_test_scale,y_test)) #検証用データ
     でのスコア
```

いかがでしょう？ うまく学習できましたでしょうか？

▌値の変換▐

　分布の歪みは、適当な底をとった対数変換で補正することができます。
scikit-learn では、`PowerTransformer()` という関数が用意されています。
`PowerTransformer` は、標準化された出力を返します。Box-cox 変換と呼ばれ
る変換と Yeo-Johnson 変換と呼ばれる変換のいずれかを実行することができ
ます。図 6.5 のように、これらの変換は 1 行目のような分布に対して 2, 3 行目
のような出力を返します。

6.5 データのプリプロセッシング   101

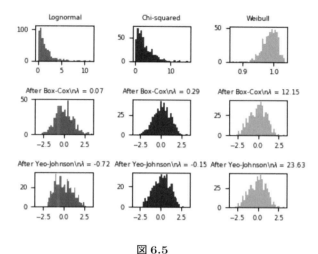

図 6.5

https://scikit-learn.org/stable/modules/preprocessing.html#non-linear-transformation を参考に作成。

```
1  from sklearn.preprocessing import PowerTransformer
2  from sklearn.linear_model import LogisticRegression
3  from sklearn.model_selection import train_test_split
4
5  # 訓練用 (x_train,y_train) と検証用 (x_test,y_test) に分ける
6  x_train, x_test,y_train,y_test=train_test_split(x,y)
7
8  trans=PowerTransformer(method="box-cox") # box-coxか yeo-johnson
9  trans.fit(x_train) # x_trainを用いて、scaleを学習
10 x_train_trans=trans.transform(x_train) # 学習済み scaleを x_trainに適用
11 x_test_trans=trans.transform(x_test) # 同じ scaleを x_testに適用
12
13 model=LogisticRegression()
14 model.fit(x_train_trans,y_train) # 学習用データで学習
15
```

```
16  print("train:",model.score(x_train_trans,y_train)) # 学習用デ
        ータでのスコア
17  print("test:",model.score(x_test_trans,y_test)) # 検証用データ
        でのスコア
```

6.5.4 予測をする

これまでに作ったモデルを未知のデータに適用することで、予測ができます。まず、test.csv をよみこんで、train.csv から予測モデルである model を作ったのと同じように作ります。ここでは、欠損値の処理、カテゴリー変数の変換などすべて同じように処理をしてください。欠損値を埋めた場合も同じ値を入れるようにしてください。train.csv のデータで作った encoder を使うことになります。さらにそれを、train.csv のデータで作った scaler で変換して、x_transformed を作成し、

$$\text{test\_survive=model.predict(x\_transformed)}$$

とすると model を用いた、x_transformed に基づいた予測が test_suvive に返されます。くどいですが、encoder, scaler, model は、train.csv のデータで作ったものをそのまま使います。新しく作ったり、fit() してはいけません。ちょっと面倒ですが、簡単にやりたい人は scikit-learn の pipeline について調べてみてください。予測が出力されたら、どんな予測か確認してみましょう。（正答率が気になる人は https://www.kaggle.com/c/titanic にサブミットしてみましょう。）

6.6 いろいろやってみよう（クラシフィケーション）

6.6.1 *k*-nearest neighbor

k-nearest neighbor は、その仕組みの単純さから分類課題にも用いることができます。

```
1  from sklearn.neighbors import KNeighborsClassifier
2  from sklearn.model_selection import train_test_split
3
4  x_train, x_test,y_train,y_test=train_test_split(x,y,random_st
        ate=0)
```

```
 5
 6  model=KNeighborsClassifier(n_neighbors=5)
 7  model.fit(x_train,y_train)
 8
 9  # P=model.predict(x_test) # x_testに対する予測のみの場合は
       このように
10  print(model.score(x_train,y_train))
11  print(model.score(x_test,y_test))
```

6 行目で KNeigborsClassifier() という関数で分類モデルを定義して、7 行目で訓練用データにフィットしています。最後の 2 行は、訓練用、テスト用それぞれの正解率を返しています。model.score(X,Y) で X による予測を Y と比べてその正解率を返します。model.predict(X_new) で、上で作った model に新しいデータ (X_new) を入れた場合の予測自体を返します。答えがない、もしくはわからないデータに対しての予測の場合はこちらを使ってください。

6.6.2 再び過学習の話、そして cross validation

学習データにのみ最適化していくと過学習が起こります。例えば、2 クラス分離において、図 6.6 のような場合を考えます。

黒破線のような分離を考えるのがよさそうに感じます。実際に、これらの

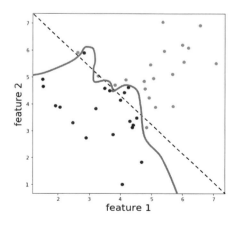

図 6.6

ドットを作った式から考えると、真の正解は $y = -x + 8.7$ で、この直線式で最もきれいに分かれるように発生した乱数でできています。しかし、このデータの分離だけを考えると緑線はより良い分離になっています。しかし、今後新しく出てくるデータの予測としてはかなり悪くなると考えられます。このように、特定のデータに特化しすぎた学習をしてしまうことを overfit と言います。

上の例では、これを避けるため、事前に訓練用と検証用の2つにデータを分けて、訓練用でモデルを作って、検証用でテストすることでこの問題を避けようとしています。回帰のときと同様です。

より厳密に overfit を避けるために、cross validation と呼ばれる方法があります。K-fold cross validation というのが一般的な方法で、例えば、5-fold の場合は、データ全体を5つに分けて、そのうちの1つを検証用データとします。これを検証用のデータを入れ替えながら5回繰り返すことで、5つのテストがされます。そしてこの5つのテストの正答率の平均が高いモデルを良いモデルとする方法が K-fold cross validation です。cross_val_score() という関数を使って以下のようなコードになります（k-nearest neighbor を使う場合）。これは、他の学習方法でも同じように用いることができます。

```
1  from sklearn.neighbors import KNeighborsClassifier
2  from sklearn.model_selection import cross_val_score
3
4  model=KNeighborsClassifier(n_neighbors=15)
5  scores = cross_val_score(model, data, legend,cv=5)
6
7  print(scores)
8  print(np.mean(scores))
```

6.6.3　決定木 (Decision Tree)

データをうまく分類することができる決定木を作る方法です。図 6.7 は、クレジットカード発行の決定木ですが、繰り返し場合分けをすることで、最終的な分類がされます。ここでも、ハイパーパラメータとして、DecisionTreeClassifier では、criterion と max_depth を決める必要があります。Criterion は何を基準に枝分かれを増やすかを表し、max_depth は決定木の深さの上限を決め

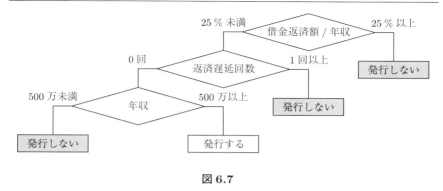

図 6.7

ます。

```
from sklearn.tree import DecisionTreeClassifier
from sklearn.model_selection import train_test_split

x_train, x_test,y_train,y_test=train_test_split(x,y,random_state=0)
model=DecisionTreeClassifier(criterion='entropy', max_depth=15)
model.fit(x_train,y_train)

print(model.score(x_train,y_train))
print(model.score(x_test,y_test))
```

6.6.4 サポートベクターマシン (SVM)

特徴空間での分類の境界線を、境界に最も近い点が境界から最も離れるように（マージン最大化）境界を決めます。境界は、カーネルトリックと呼ばれる数学的手法によって、高次元に変換したあと学習するので、曲線の境界が引けるのが特徴です（分離超平面といいます。図 6.8 参照）。

また、SVM は三層ニューラルネットと等価であることが知られています。C と γ、さらにカーネル関数の 3 つのハイパーパラメータを持っています。C はどの程度間違いを許容するか、γ は境界線の複雑さの度合いを表します。カーネル関数はとりあえず何も考えずに rbf で問題ないと思います。以下にカーネ

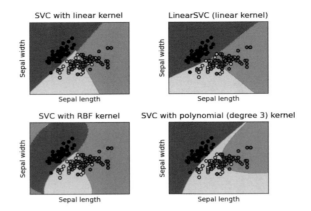

図 6.8

https://scikit-learn.org/stable/auto_examples/svm/plot_iris_svc.html#sphx-glr-auto-examples-svm-plot-iris-svc-py を参考に作成。

ルの違いによる分類の違いを示します。

```
1  from sklearn.svm import SVC
2  from sklearn.model_selection import train_test_split
3
4  x_train, x_test,y_train,y_test=train_test_split(x,y,random_st
       ate=0)
5
6  model=SVC(kernel="rbf",C=1,gamma="auto")
7  model.fit(x_train,y_train)
8
9  print(model.score(x_train,y_train))
10 print(model.score(x_test,y_test))
```

　さて、いろいろ見ましたが、これら以外にも、2値分類を行う学習法として、単純ベイズ分類器や確率的勾配降下法などいろいろなものがあります。さらに、今後もどんどん新しい手法が生まれてくるはずです。

　scikit-learn では、適切なモデルを選ぶため図 6.9 を作っています。目的に合わせて適切なモデルを選んで学習をする必要がありますし、最初の話に戻りますが、そのためにはデータをよく見ることが必要になります。

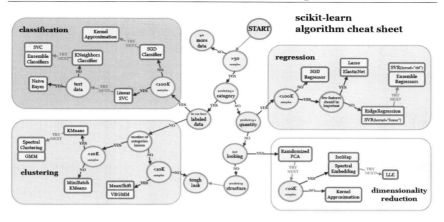

図 6.9

https://scikit-learn.org/stable/tutorial/machine_learning_map/index.html より引用

6.7 There is no such thing as a free lunch

節タイトルは、何かの映画だか小説だかのセリフです。お酒を飲むとランチ無料という酒場があって、お得に感じますが、そのランチ代は実際には飲み代に含まれていて、ランチ無料みたいな都合のいいことは世の中にないという感じの意味らしいです。何の話かというと、どんなデータに対しても高性能を発揮するアルゴリズムはありえないということです。特定の課題に良い成績を上げるためには、別の課題での成績が下がってしまうことが必然です。「最適化問題において、あらゆるタスクに対する成績の合計が、すべてのアルゴリズムで等しくなる」ことを no free lunch 定理といいます。我々は、データにあったアルゴリズムを選ぶ必要があります。

6.8 ハイパーパラメータの調節

6.8.1 グリッドサーチ

例えば、k-nearest neighbor の k や SVM の C や γ に適切な値を与えることで、性能が上がります。1つの方法は、少しずつ値を変えて、すべての組み合わせを試すことで、1番いいところを選ぶことができます。グリッドサーチと呼びます。2章でやった反復法ですね。

108　第6章　統計的機械学習の実践

```
1  from sklearn.neighbors import KNeighborsClassifier
2  from sklearn.model_selection import train_test_split
3
4  X_train, X_test,y_train,y_test=train_test_split(x,y,random_st
      ate=0)
5  tscore=np.zeros(29)
6  testscore=np.zeros(29)
7
8  for i in range(1,30):
9      model=KNeighborsClassifier(n_neighbors=i)
10     model.fit(X_train,y_train)
11     tscore[i-1]=model.score(X_train,y_train)
12     testscore[i-1]=model.score(X_test,y_test)
13
14 plt.figure(figsize=(15,10))
15 plt.plot(tscore)
16 plt.plot(testscore)
17 plt.show()
```

6.8.2　もう一度、クロスバリデーション

　上で述べたクロスバリデーションで学習モデルを決定しながら、同時にグリッドサーチでハイパーパラメータも調節できると便利ですよね。for 文で繰り返しを書いてやることももちろんできますが、GridSearchCV() というそのための関数も用意されています。サポートベクターマシンで、C と γ を調節するための例を下に載せておきます。

　ここでは、テストデータと訓練データに先に分けたうえで、訓練データを5-fold クロスバリデーション（GridSearchCV 関数の cv オプションを cv=5 とする）しながら C と γ を 0.001 ～ 100 まで変えながら、繰り返しベストモデルを作ります。そのあと、訓練データでのベストモデルの成績、そのときのパラメータ、最後にベストモデルをテストデータに適用したときの成績を print しています。

```
1  from sklearn.model_selection import GridSearchCV
2  from sklearn.svm import SVC
3  from sklearn.model_selection import train_test_split
4
5  X_train, X_test,y_train,y_test=train_test_split(x,y,random_st
      ate=0)
6  # 試すハイパーパラメータを先に決めておく、これらの組み合わせをすべて
      調べる
7  pg={"C": [0.001,0.01,0.1,1,10,100],"gamma":
      [0.001,0.01,0.1,1,10,100]}
8
9  gs=GridSearchCV(estimator=SVC(), param_grid=pg, cv=5) #
      モデルの作成 cv=5は 5 fold CV
10 gs.fit(X_train,y_train)
11
12 print(gs.best_score_) # 最もいいときの正答率
13 print(gs.best_params_) # そのときのハイパーパラメータの値
14 print(gs.score(X_test,y_test)) # ベストモデルのテストデータでの
      成績
```

6.9　アンサンブル学習

　アンサンブル学習は、複数の学習器を作って、それらの多数決や平均から 1
つの出力を決める方法です。それぞれが弱い学習器でも全体としてはよい成績
を出すことがあります。

6.9.1　バギング

　ブートストラップと呼ばれる統計の手法があります。このブートストラップ
を利用した方法がバギングです。ブートストラップでは、n 個の観察データか
ら、ランダムに重複ありで n 個を選びなおします。例えば、大学生の身長を調
べるのに $A \sim Z$ の 26 人のサンプルを調べるとします。このとき、知りたいの
はこの 26 人の身長ではなくて、大学生全体だとします。この 26 人から、重複
ありで 26 人をランダムに選びます。そうすると、選ばれない人もいたり複数回

110　第 6 章　統計的機械学習の実践

選ばれる人もいたりしながら、合計で 26 人分のデータが選ばれます。この選ばれた 26 人の平均値を計算します。この手続きを 10000 回繰り返すと 10000 個の平均値ができます。このヒストグラムは、大学生全体の分布を近似的に表すことが知られています（正確には、元の 26 個の観測を一番もっともらしいとする母集団）。

このブートストラップの原理を利用して、バギングでは、n 個のデータから n 個のサンプルを重複ありで何度もランダムに選び、それぞれに対応する学習器を作ります。そして、これらの学習器の多数決を最終結果とします。この方法は、テストデータ全体に対して、学習器を作ることはせず、想定される母集団から得られる多数のサンプルに対して学習していることになりますので、過学習の解消に有効です。

それぞれの学習器を decision tree にして、たくさんの Tree から 1 つの結果を返す Random forest という方法が有名です。scikit-learn では以下のように書きます。N_estimators で作成する学習器の数を指定、random_state で乱数を固定しています。

```
 1  from sklearn.ensemble import RandomForestClassifier
 2  from sklearn.model_selection import train_test_split
 3
 4  X_train, X_test,y_train,y_test=train_test_split(x,y ,random_s
        tate=0)
 5
 6  model=RandomForestClassifier(n_estimators=1000,random_stat
        e=0)
 7  model.fit(X_train,y_train)
 8
 9  print(model.score(X_train,y_train))
10  print(model.score(X_test,y_test))
```

6.9.2　ブースティング

ブースティングでは、学習データを逐次的に生成します。最初の学習の予測による、正解とはずれのデータを使って、前回の学習ではずれだったサンプルにより多くの重みがかかるように次のデータを作ります。これを繰り返すこと

で、たくさんの学習器を作ります。それぞれの学習器は、他の学習器の予測でのはずれのデータを重視するようにできていますので、それぞれが得意なタイプのデータが異なる学習器ということになり、学習不足の解消に有効です。

扱いやすいブースティング手法として、adaboost の実装を以下に載せます。ここでも、n_estimators で作成する学習器の数を指定、random_state で乱数を固定しています。Classifier の名前以外は、random forest を使う場合とまるで同じです。

```
1  from sklearn.ensemble import AdaBoostClassifier
2  from sklearn.model_selection import train_test_split
3
4  x_train, x_test,y_train,y_test=train_test_split(x,y,random_st
      ate=0)
5
6  model=AdaBoostClassifier(n_estimators=1000,random_state=0)
7  model.fit(x_train,y_train)
8
9  print(model.score(x_train,y_train))
10 print(model.score(x_test,y_test))
```

演習 6-1

最初に使った BOSTON Housing のデータに関して、できるだけ test.csv のデータに対して正しい予測を返すモデルを作成してください。別に伝えるリンクから、Kaggle competition に参加してください。

6.10　おわりに

Titanic のデータは、Kaggle の有名なコンペティションのデータそのままです。ぜひチャレンジしてみてください。じっくりやればそこそこの成績がとれると思います。

https://www.kaggle.com/c/titanic/data

ぜひ、他のいろいろなコンペティションにも参加してほしいと思います。コンペティションで好成績をとるには、この授業の内容だけでは不足していると

思いますが、基本的な扱いがわかってしまえば、あとはどんどんやってみることが一番の上達の近道だと思います。幸い、Kaggle でも Notebook が見られますし、Web にも多くの情報がありますので、やりながら、必要なことを身につけていくのがいいと思います。

参考文献

- 塚本邦尊・山田典一・大澤文孝（中山浩太郎監修，松尾豊協力）『東京大学のデータサイエンティスト育成講座』（マイナビ出版，2019）
- 掌田津耶乃『データ分析ツール Jupyter 入門』（秀和システム，2018）
- Andreas C. Muller and Sarah Guido『Python ではじめる機械学習』（オライリージャパン，2017）
- Jake VanderPlas（菊池彰訳）『Python データサイエンスハンドブック』（オライリージャパン，2018）（英語版：`https://www.kaggle.com/timoboz/python-data-science-handbook`）
- 平井有三『はじめてのパターン認識』（森北出版，2012）
- Christopher M. Bishop（元田浩・栗田多喜夫・樋口知之・松本裕治・村田昇監訳）『パターン認識と機械学習　上・下』（丸善出版，2012）

データソース

- Kaggle
  `https://www.kaggle.com`
- UCIdata
  `http://archive.ics.uci.edu/ml/`

付録　モデルの評価指標いろいろ

　4章で、最小二乗法を扱って、二乗誤差を小さくすればいいという話をしました。そのあと、いろいろな学習モデルを扱いましたが、どのような損失関数に基づいてエラーを減らすのか、全くお話していません。ここで簡単にまとめておきたいと思います。

付録　モデルの評価指標いろいろ　　*113*

回帰課題

- **平均二乗誤差 (MSE, Mean Squared Error)**

  すべてのサンプルでの予測の誤差を二乗したものをすべて足し合わせて、データ数で割ったものです。1サンプル当たりの二乗誤差になります。最小二乗法で最小化したものです。回帰では一番一般的です。

- **平均絶対誤差 (MAE, Mean Abusolute Error)**

  すべてのサンプルでの予測の誤差の絶対値をとったものをすべて足し合わせて、データ数で割ったものです。MSE よりも外れ値に強くなります。

- **平均二乗対数誤差 (MSLE, Mean Squared Logarithmic Error)**

  対数をとってから、二乗誤差を計算したものです。MSE は予測が実際よりも大きく出がちなので、控えめな予測が好まれる場合に用います。

分類問題

- **正解率、正答率 (accuracy)**

  まずは、正答率です。とりあえず、分類ではこれが一番でしょう。例えば、0 か 1 を分類する二値分類課題を考えると、(1 を 1 と予測した数 + 0 を 0 と予測した数) / 全データの数となります。

- **適合率 (precision)**

  1 と予測した中で、正解だった割合です。例えば、数少ない事象を見分ける問題においては、こちらが使われます。

- **再現率 (recall)**

  1 が正解のデータのうち、正しく予測された割合です。例えば、病気を見分ける場合などは真の病人の中の何人を見つけられたかが問題になります。

- **F1 スコア**

  適合率と再現率の調和平均です。例えば、全部を 1 と予測すれば再現率は上がりますが、適合率は下がります。逆も同様です。このようなトレードオフを評価するため、適合率と再現率の比率の平均を見るのが F1 スコアです。

- **クロスエントロピー**

  情報量の理論にかかわるので、細かい説明は省きますが、分類問題で、1
  である確率が何%、0 である確率が何%という風に予測する場合に用い
  ます。ニューラルネットワークでよく使います。

付録　教師なし学習

本章では、教師あり学習のみを扱いました。ちょっとだけ教師なし学習のこ
ともここに書いておきます。

■ クラスター分析（k-means 法）■

クラスター分析は、ラベルのないデータを、いくつかの塊（クラスター）に
分ける手法です。ここでは、最も単純な k-means 法と呼ばれる方法をやってみ
ましょう。k-means は、クラスターの数 k をハイパーパラメータとして与える
と、各クラスター内の距離を最小にするように k 個のクラスターに分けること
ができる方法です。

ここでは、iris データセットというデータセットを使って[5]例を書いておき
ます。このデータセットは scikit-learn に付属のデータセットの 1 つで、scikit-
lean からインポートして使えます。150 個の小さなデータセットで、Sepal
Length（がく片の長さ）、Sepal Width（がく片の幅）、Petal Length（花
びらの長さ）、Petal Width（花びらの幅）の 4 つの特徴量とそれぞれのアヤ
メの品種 (0: Setosa, 1: Versicolor, 2: Virginica) が入っています。4 つの特
徴量から、k-means を使って 3 つのクラスターに分けてみましょう。本当のア
ヤメの品種の分類と各クラスターはどの程度対応するでしょう？

```
1  from sklearn.datasets import load_iris
2  from sklearn.cluster import KMeans
3
4  iris = load_iris()# これでデータがロードされます。
5  # iris.dataで特徴量、iris.targetでアヤメの品種にアクセスできます
6
7  model = KMeans(n_clusters=3, random_state=0) # ここら辺の使い
```

---

[5] https://scikit-learn.org/1.4/auto_examples/datasets/plot_iris_dataset.
html

付録　教師なし学習　　*115*

```
      方はこれまで通り
 8  model.fit(iris.data)
 9
10  print(model.labels_) # 各サンプルに対するラベル
11  print("----------")
12  print(iris.target) # 各サンプルのアヤメの種類の正解
```

次元圧縮（主成分分析）

　例えば、20 個の特徴量を持つデータは、それぞれのサンプルが 20 の数値で表されるので、20 次元のデータという風に考えることができます。20 次元というとずいぶん多いように感じますよね。また、図示してやろうと思ったときなどは多くても 3 次元までしかグラフに描けません。より少ない次元で、元のデータを最大限説明できるような新しい次元を見つける方法が次元圧縮です。ここでは、元のデータのばらつきを最も説明する直交軸を見つける方法である主成分分析を見てみましょう。*k*-means と同様アヤメのデータを用います。ここでは、4 次元あるアヤメのデータを 2 次元に圧縮して、グラフに書いてみましょう。

```
 1  from sklearn.decomposition import PCA
 2  from sklearn.datasets import load_iris
 3
 4  iris = load_iris()# これでデータがロードされます。
 5
 6  model = PCA(n_components=2)# ここら辺の使い方はこれまで通り
 7  model.fit(iris.data)
 8  x_trans=model.transform(iris.data)# transformが必要
 9  # 2次元に変換された座標を返します
10
11  # グラフにしてみます
12  import matplotlib.pyplot as plt
13  y=iris.target# 本当の品種の分類
14
15  # 本当の分類ごとに色を変えて、散布図に
16  plt.scatter(x_trans[y==0,0],x_trans[y==0,1],c="red")
```

```
17  plt.scatter(x_trans[y==1,0],x_trans[y==1,1],c="blue")
18  plt.scatter(x_trans[y==2,0],x_trans[y==2,1],c="green")
19  plt.xlabel("1st component")
20  plt.ylabel("2nd component")
21  plt.show()
```

▎教師あり学習の前処理としての教師なし学習▎

　教師あり学習を行う際の、データの前処理として教師なし学習が用いられることもあります。例えば、クラスター分析を分類課題の前に行うことで、クラスターを新たなカテゴリー変数として特徴量に加えることで、隠れた関係性を見つけることができるかもしれません。また、特徴量が多すぎて適切に学習できないような場合に次元圧縮により特徴量を減らすことで、より良いモデルができる場合があります。

7 ディープラーニングのお話

これまで、いろいろな練習をしてきましたが、ディープラーニングに関しては お話でとどめたいと思います。ディープラーニングは、非常に複雑で、いろ いろな選択肢があり、たくさんのことを考えないとちゃんと走らせることがで きません。ここでは、ディープラーニングがどのようなものかをなんとなく理 解することを目的に進めたいと思います。

7.1 単純なところから

7.1.1 パーセプトロン

パーセプトロンは、1958 年に心理学者で計算機科学者であったローゼンブ ラットが発表した脳の視覚野の仕組みを模した計算機です。パーセプトロンは 多層の神経回路網のモデルで情報が一方向に流れます。入力層のニューロンが 情報を受け取り、次の中間層のニューロンがその情報をもとに計算を行い、答 えを出します。中間層はいくつあってもよく、これを次々に次のニューロンに 渡していき最後に出力ニューロンが答えを出します。出力ニューロンもいくつ あってもいいことになっています（図 7.1）。しかも、すでに層内での結合や フィードバックについても議論されていました。ディープラーニングの構想は すでにこの時代にはあったことになります。これが 50 年ほどのブランクを経 て復活したのがディープラーニングです。ただ、こんなに複雑なものを当時は 作ることができませんでした。それで、中間層が 1 層のみで、入力層、中間層、 出力層の 3 層からなる単純パーセプトロンが実際に試されました。

7.1.2 単純パーセプトロンの仕組み

パーセプトロンは、脳のニューロンをまねて作られました。ニューロンは、 シナプスと呼ばれる機構で他のニューロンとつながっています。そして、他の ニューロンたちから受けた入力がある値以上になると発火し、次のニューロン

に情報を送ります（図7.2）。

パーセプトロンはこのような仕組みをまねていますので、どのくらいの入力があると発火するかという閾値とシナプスの強さの2種類のパラメータを持っています。

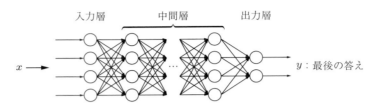

図 7.1　Perceptron の概要

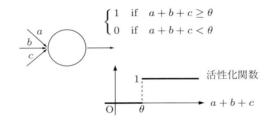

図 7.2　発火条件を決める活性化関数と入力

簡単に単純パーセプトロンを考えてみましょう。例えば、靴のサイズ (cm) と髪の長さ (cm) から性別を判断することを考えます。そうすると入力信号 x は (靴、髪) = (25, 14) とか (23, 32) とかそのような感じの2次元の情報です。ですので、入力層のニューロンの数は2です。出力層は、男得点、女得点で2つのニューロンを置いてもいいのですが、排反事象なので1つで十分です。(靴、髪) = (25, 14) の場合を図にすると図7.3です。これで最後の出力が1なら男、0なら女とかいったように判別します。

どのように学習するかというと、正解と最後の答えの差を損失と呼び、損失を最小化するように w_i と θ を変化させます。入力が有限個であれば、有限回数の学習でパラメータが収束する、つまり、良い答えを出すことができることがわかっています。

通常このようなパターン認識課題においては、それぞれのパターンをよく検

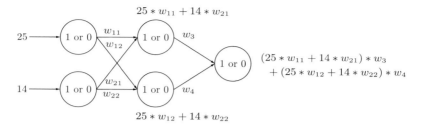

図 7.3

証し、どのような条件でどちらのクラスに入るかを設計する必要があります。パーセプトロンは、そのような事前知識を与えなくても、学習で解決することができる万能機械であるとして注目を集めました。その後、1960年代後半に、ミンスキーとパパートによってパーセプトロンの限界が明らかにされたことなどから、パーセプトロンは忘れられていきます。

7.1.3 パーセプトロンその後

1970年代から、ニューラルネットブームは下火になったように見えましたが、着々と研究は進められていました。この時期の一番大きな進展は、活性化関数です。それまでは、ステップ関数（図 7.4 右）と呼ばれる閾値で 0 と 1 が切り替わる不連続関数を用いていました。これは理解しやすく簡単な関数ではありますが、連続ではないので数学的には扱いづらい関数でもあります。

これをシグモイド関数（図 7.4 左）と呼ばれる連続関数に置き換えることで、微分が使えるようになり大きく発展しました。ここまでの単純パーセプトロンでは、最後の出力層だけが学習しています。中間層のニューロンは数が多く、計算に寄与しているにもかかわらず、学習していませんでした。どのように学習させればよいのか当時はわからなかったのです。

ところが、シグモイド関数を導入したことで微分が使えるようになり、中間層のニューロンに学習させることが可能になりました。中間層のニューロンの重みを含むパラメータを損失が減る方向に少しずつずらしていけばいいのですが、この方向は微分をすることでその勾配がわかりどちらに動かすとよいかがわかります。これに基づいて、より良くなる方向に少しずつパラメータをずらしていくことで中間層のニューロンも学習できるようになりました。このよう

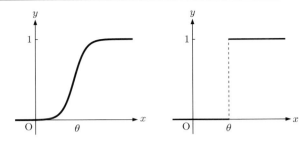

図 7.4 ジグモイド関数とステップ関数

な学習方法を確率的勾配降下法と呼びます。これがのちのバックプロパゲーションにつながります。

さて、そのようなパーセプトロンを、具体的に少し見てみましょう。ここでは、単純な分類課題として、有名な iris データセットを使いましょう。これは scikit-learn に付属のデータセットの1つで、scikit-learn からインポートして使えます。150 個の小さなデータセットで、Sepal Length（がく片の長さ）、Sepal Width（がく片の幅）、Petal Length（花びらの長さ）、Petal Width（花びらの幅）の4つの特徴量とそれぞれのアヤメの品種 (0: Setosa, 1: Versicolor, 2: Virginica) が入っています。4つの特徴量からアヤメの品種をあてる分類課題を考えます。

まずは、データの読み込みです。

```
import numpy as np
from sklearn.datasets import load_iris
iris = load_iris()# これでデータが読み込まれます。

# ここでは直接、NumPy配列としてxとyに入れてしまいましょう。
x=iris.data
y=iris.target
```

それから、ディープラーニング用のフレームワークの1つ Keras を使ってみましょう。ディープニューラルネットのプログラムには、tensorflow や pytorch などのフレームワークを用いると便利です。特に、Keras は、tensorflow をさらに簡単に使うための高水準 API で、書くこと自体は非常に簡単です。

Keras の使い方の基本は model=Sequential() で空のモデルを作って、model.add() でそれぞれ入力層から順に積み重ねていく感じです。以下の通りです。

```
1  from keras.models import Sequential
2  from keras.layers import Dense # 全結合層です。
3  from sklearn.model_selection import train_test_split
4  from tensorflow.keras.utils import to_categorical
5
6  x_train, x_test,y_train,y_test=train_test_split(x,y,random_st
       ate=0)
7
8  y_t = to_categorical(y_train) # one-hot encodingに変換
9  y_te = to_categorical(y_test) # one-hot encodingに変換
10
11 model = Sequential()
12
13 model.add(Dense(units=10,input_dim=4,activation="softmax"))
         # 入力層
14 model.add(Dense(units=3, activation="softmax")) # 出力層
15
16 model.compile(loss="categorical_crossentropy",optimizer="sgd"
       ,metrics=["accuracy"])
17
18 model.fit(x_train, y_t, epochs=100, batch_size=32)
19
20 print(model.evaluate(x_train, y_t, batch_size=32)) # 損失と正
         答率が出ます
21 print(model.evaluate(x_test, y_te, batch_size=32)) # 損失と正
         答率が出ます
22
23 # 予測
24 #classes = model.predict(X_test, batch_size=32)
```

▎層の定義▕

`Model=Sequential()`で、空っぽのモデルを定義します。それから、`model.add()`で層を追加していきます。ここでは全結合層を 2 つ加えました。`Unit` はその層の perceptron の数で `activation` で活性化関数を定義します。入力層には、入力されるデータの特徴次元を指定しましょう。これで、図 7.5 のようなネットワークが定義されたことになります。

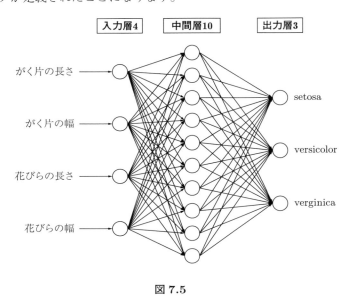

図 7.5

▎コンパイルとハイパーパラメータ▕

それから、モデルをコンパイル、`model.conpile()` で、その他必要なことを決めます。Loss は損失関数で、0 に近づけたい関数です。`Categorical_crossentropy` は、判別課題における判別の失敗確率を評価するものです。回帰では、`mean_squared_error` などを使いましょう[1]。`Optimizer="sgd"` とありますが、これは確率的勾配降下 (Stocastic Gradient Descent) のことです。ほかに、`adam` などが選べます[2]。とりあえずは、`metrics` 含めこのままで使うので問題ないと思います。

---

[1] https://keras.io/api/losses/
[2] keras.io/ja/optimizers/

■ミニバッチ学習 ■

　最後に、`model.fit()`で学習をします。ここでは、epoch 数とバッチサイズというパラメータがあります。まず、バッチサイズですが、1 つずつのデータに対して w や θ を更新していくのは大変です。それで、ひとまとまりのデータに対して更新することを繰り返すことで効率化を図っています。そのまとまりのデータの数がバッチサイズです。ここでは、32 としていますので、32 個ずつランダムに選ばれたデータで学習を進めていきます。バッチサイズは、だいたい 2 のべき乗の数を選ぶのが慣例で、16, 32, 64, 128, 256 などが選ばれます。通常の量（1 万以下とか）であれば、32 か 64 くらい、それ以上なら 128 とか試してみる感じになると思います。このように、小さいまとまりごとに学習していく学習方式をミニバッチ学習と言います。すべてのデータで学習するのがバッチ学習、1 つずつのデータで逐次学習するのがオンライン学習、ミニバッチ学習はその中間、いいとこどりを狙っているといったところです。そして、すべてのデータがミニバッチに含まれて、一通りのデータの学習を終えるまでが 1 エポックです。Neural network は多くのパラメータを扱うため、1 エポックでは十分に学習ができません。そのため、これを何度も繰り返すことになります。何度もというのがどれくらいかというと、結果を見て学習が安定するまでということになります。各エポックの損失と評価が表示されるので、確認してみましょう。

7.1.4　多層パーセプトロン

　バックプロパゲーションとは、逆誤差伝播法と訳され、出力層での誤差を順々に層を逆に伝播させることで多層パーセプトロンの中間層を学習させる方法です。認知科学者ラメルハートによって考案されました。確率的勾配降下を層ごとに逆算していくことで、ある形の積の形に書けるという発見で、これにより出力層での誤差を中間層に学習させることが可能になりました。これにより多層パーセプトロンが再び流行を引き起こします。しかし、多層パーセプトロンにも弱点がありました。1 つは局所最適という問題です。勾配降下法は、微分をもとに局所的な傾きから最適化を行います。このため、遠くのことはわからないので、アルファベットの W のような 2 つの極小値があるとき（図7.6）、もう一方の谷のほうが小さくなるとしても、一方で収束してしまいます。もう 1 つは、勾配消失です。層が深くなると、逆伝播させても最初のほうの層

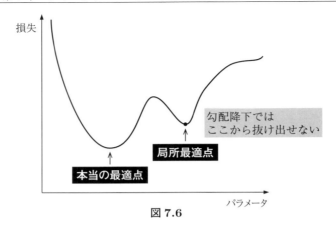

図 7.6

では勾配がほとんどなくなってしまい、学習ができなくなります。このため、結局は最後のほうのいくつかの層だけで学習が行われることになります。このため、5層以上のニューラルネットワークは学習させられないといわれていました。これらの問題に加え、すでに3層ニューラルネットワークで計算万能性（あらゆる関数を表現できること）が証明されていたことや、バックプロパゲーションの式は大変美しいのですが計算コストが大きいこともあり、多くの層を重ねることはあまり積極的には行われませんでした。

7.1.5　局所最適

多層パーセプトロンについては、scikit-learn でも試すことができますが、Keras で書いてみましょう。先ほどのプログラムの中間層を増やすだけです。1行増やすだけで、4層ニューラルネットワークになります。ここで、活性化関数には tanh を使いましょう。Tanh は sigmoid と似た形の関数ですが、原点を通ります。原点を通る活性化関数のほうが良いことがわかっています。

```
1  from keras.models import Sequential
2  from tensorflow.keras.layers import Dense # 全結合層です。
3  from sklearn.model_selection import train_test_split
4  from tensorflow.keras.utils import to_categorical
5
6  x_train, x_test,y_train,y_test=train_test_split(x,y,random_st
       ate=0)
```

```
 7
 8  y_t = to_categorical(y_train) # one-hot encodingに変換
 9  y_te = to_categorical(y_test) # one-hot encodingに変換
10
11  model = Sequential()
12
13  model.add(Dense(units=10,input_dim=4,activation="tanh")) # 入
        力層
14  model.add(Dense(units=15,activation="tanh")) # 中間層
15  model.add(Dense(units=3, activation="softmax")) # 出力層
16
17  model.compile(loss="categorical_crossentropy",optimizer="sgd"
        ,metrics=["accuracy"])
18
19  model.fit(x_train, y_t, epochs=100, batch_size=32)
20
21  print(model.evaluate(x_train, y_t, batch_size=32)) # 損失と正
        答率が出ます
22  print(model.evaluate(x_test, y_te, batch_size=32)) # 損失と正
        答率が出ます
23
24  # 予測
25  # classes = model.predict(X_test, batch_size=32)
```

演習 7-1

　上のニューラルネットワークで、中間層のユニット数を変えてみて、成績の変化を観察してください。

7.2　ディープラーニングの先駆け ネオコグニトロン

　さて、2006年のディープラーニングの登場まで、ニューラルネットの冬の時代が続きます。生理学の話ですが、1959年、HubelとWieselは、ネコの視覚野から単純細胞と複雑細胞という2種類の細胞を見つけました。単純細胞は、視野の特定の部位に特定の特徴、傾きや色があるときにのみ発火します。複雑

細胞は視野の中の位置によらず特定の特徴があれば発火します。これらが、階層的に積み重なることで、脳の複雑な視覚情報処理の原理の一端が明らかにされました。これはのちにノーベル生理学賞を受けることになります。

1980年、このような脳の視覚野の特徴をまねたニューラルネットが作られました。これは、ネオコグニトロンと呼ばれる画像認識のためのニューラルネットです。

最初の層では、それぞれのニューロンは画像の中の狭い範囲のみを担当し、その中に特定の特徴があるかどうかで発火します（S層）。このような処理を畳み込みと呼びます。この結果画像のどの位置にどのような画像特徴があるかがわかります。これは視覚野の単純細胞の働きをまねています。

次の層では、もう少し広い範囲、例えば下の層のニューロン9個分から入力を受けて、1つでも発火するニューロンがあれば発火します（C層）。これをプーリングと呼びます。これによって位置によらず、特定の特徴があるかないかを判定する処理になります。これは視覚野の複雑細胞の働きをまねています。これを何層も重ねて何度も繰り返すのがネオコグニトロンです。図7.7はネオコグニトロンの構造を表しており、Uが各層を、添え字のsが単純細胞 (simple cell) の層、uが複雑細胞 (complex cel) の層を表しています。

このS層とC層の繰り返しにより、最初は特定の傾きを持ったなど低次な画像特徴にのみ反応するのですが、上の層へ進むにつれて、下の層の組み合わ

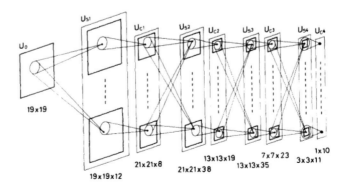

図 **7.7**

K. Fukushima. Neocognitron: A hierarchical neural network capable of visual pattern recognition. *Neural Networks*, 1(2):119–130, 1988. より Figure 2 を引用。

せになっていき、より高次で抽象的な特徴に反応するニューロンができてきます。これにより手書き文字認識ではかなりの性能を上げることができました。

もう少し、詳細に見てみましょう。S 層での処理はコンボリューションと呼ばれる処理です。狭い範囲に特定の特徴とどの程度似ているかを評価します。例えば、8×8 ピクセルの画像 X があるとき、各ピクセルには明るさを表す数値が入っています。もう 1 つ、小さい画像 F、ここでは 3×3 の画像があったとしましょう。図 7.8 のような状況です。

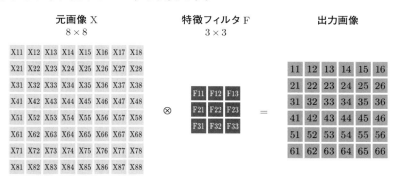

図 7.8

このように、X を F でコンボリューションするというとき、画像の一部分を左上の位置と右下の位置で (X12, X33) のように書くとすると、元画像の左上端の部分 (X11, X33) と特徴フィルタ F は同じ大きさの画像ですので、類似度が計算できます（図 7.9）。この計算された類似度を出力画像の左上端 11 に代入します。次に（X12, X34）と F の類似度を出力画像の 12 に代入します。これを、左上から順々に右下までフィルタを少しずつずらしながら繰り返すことで出力画像の 66 までを埋めることができます。これがコンボリューションです。

ここでは、フィルタは 1 つずつずらしましたが、これを 2 つずらし、3 つずらしとすることもできます。このいくつずつフィルタをずらすかという数値は strides と呼ばれます。

このように、出力画像は元画像よりも小さくなります。8×8 の画像に 3×3 のフィルタを strides=1 でコンボリュートすると 6×6 の画像になります。コンボリューションの出力を元画像と同じサイズにしたいときは、元画像の周りに 0 のピクセルを埋めて元画像を大きくしてからコンボリューションすること

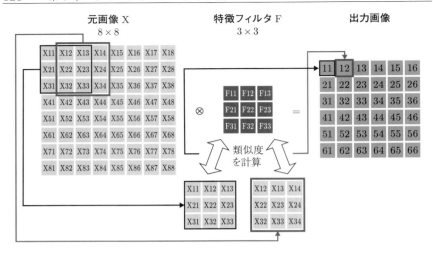

図 7.9

で、小さくなることを防ぐことができます。これをゼロパディングと呼びます。

次に C 層ですが、ここでは、類似度を計算するのではなく最大値をとります（図 7.10）。それによって、S 層での類似度の C 層における担当範囲の最大値が計算されます。

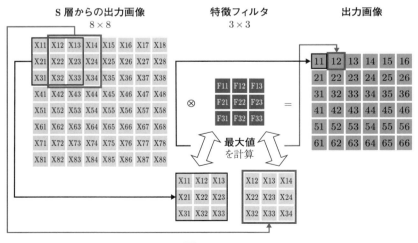

図 7.10

7.2 ディープラーニングの先駆け ネオコグニトロン

このような処理はプーリングと呼ばれます。図7.11のように、ネオコグニトロンはこのような処理を何度も繰り返すことで、特徴が抽象化され、より複雑な処理が可能になります。

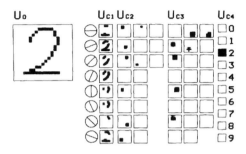

図 7.11

K. Fukushima. Neocognitron: A hierarchical neural network capable of visual pattern recognition. *Neural Networks*, 1(2):119–130, 1988. より Figure 13 を引用。

さて、Kerasでネオコグニトロンのようなネットワークを作ってみましょう。ここでは、MNIST（えむにすと）と呼ばれている手書き数字のデータセットを使ってみましょう。MNIST は Keras に付属のデータセットですので、簡単に使うことができます。

まずは、データセットを読み込みましょう。

```
from keras.datasets import mnist
import matplotlib.pyplot as plt

# mnist データをロード
(train_images, train_labels),(test_images, test_labels) = mnist.load_data()

# 画像データとラベルを表示
print("画像:", train_images.shape)
print("ラベル:", train_labels.shape)

# ラベルと画像データを表示
plt.figure(figsize=(6,6))
```

```
13  for i in range(9):
14    plt.subplot(3,3,i+1)
15    plt.imshow(train_images[i].reshape(28, 28), cmap='Greys')
16    plt.title(train_labels[i])
```

これで、画像が表示されたと思います。このように、28×28 ピクセルの白黒（グレイスケールの文字）の配列データとして読み込まれます。

それでは、図 7.12 のようなネットワークを作ってみましょう。最後の C 層は結合層で、$0 \sim 9$ の判別なので、活性化関数は softmax としましょう。この前に、2 次元画像を 1 次元のデータ列への変換（平坦化）が必要です。

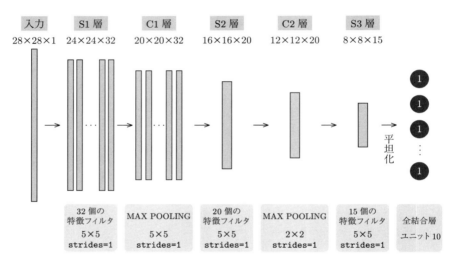

図 **7.12**

```
1  from keras.models import Sequential
2  from tensorflow.keras.layers import Dense,Conv2D,MaxPooling2
     D,Flatten
3
4  model = Sequential()
5  model.add(Conv2D(32, (5,5),input_shape=(28, 28, 1),activatio
     n="relu")) # S1
6  model.add(MaxPooling2D(pool_size=(5, 5),strides=(1,1))) # C1
```

```
 7
 8  model.add(Conv2D(20, (5,5),activation="relu")) # S2
 9  model.add(MaxPooling2D(pool_size=(2, 2),strides=(1,1))) # C2
10
11  model.add(Conv2D(15, (5,5),activation="relu")) # S3
12
13  model.add(Flatten()) # 平坦化
14  model.add(Dense(10, activation='softmax')) # C3(全結合)
15
16  model.summary() # モデルを表示
```

このように、コンボリューションには、Kerasの関数、Conv2D(**特徴の数, フィルタサイズ**, activation="relu", input_size="")を使います。入力層には、input_sizeが必要です。padding="same"とすることでゼロパディングも可能です。プーリング層にはMaxPooling2D(**フィルタサイズ**)を使います。また勾配消失を避けるため、活性化関数はReLU関数を用います（図7.13）。

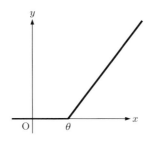

図7.13 ReLU関数

シグモイド関数は、0から1の範囲しかとらない関数でしたが、ReLUは正方向にはいくらでも大きい値をとることができます。これにより、いくらでも強く活性化できることとなり、勾配消失を防ぐことができます。これで、モデルは完成です。

次に、データを変換する必要があります。面倒なのですが、仕方ないのでやりましょう。この処理は画像を扱う際にはいつもやることになる処理なので、おまじないだと思って深く考えずに書いてしまいましょう。

```
1  from tensorflow.keras.utils import to_categorical
2
3  x_train=train_images
4  y_train=train_labels
5
6  x_test=test_images
7  y_test=test_labels
8
9  # yを one-hot encodingに変換
10 y_train = to_categorical(y_train)
11 y_test = to_categorical(y_test)
12
13 # xをリシェイプ。Conv2Dへの入力はデータ数が 0番目の要素の
       配列で与えます
14 x_train = x_train.reshape(x_train.shape[0], 28, 28, 1)
15 x_test = x_test.reshape(x_test.shape[0], 28, 28, 1)
16
17 # 0〜255の値が入っているので、0〜1に変換
18 # これは画像を扱うときはいつもやることなので、おまじないみたいなも
       のだと思ってください。
19 x_train = x_train.astype('float32')
20 x_test = x_test.astype('float32')
21 x_train /= 255
22 x_test /= 255
```

あとはコンパイルと学習です。判別課題なので、損失関数は categorical_ crossentropy を指定しましょう。バッチサイズ、エポック数も適当に設定してください。ここでは、時間がかかるので、bach_size=256, epoch=3 としていますが、これでは学習には不十分だと思われます。

```
1  model.compile(loss="categorical_crossentropy",optimizer="sgd"
       ,metrics=["accuracy"])
2  model.fit(x_train, y_t,batch_size=256,epochs=3)
3  print("train: ",model.evaluate(x_train, y_train, batch_siz
       e=256))
```

```
4   print("test: ",model.evaluate(x_test, y_test, batch_size=256)
    )
```

　それなりの成績が出たのではないかと思います。成績が良くても時間がかかることが気になります。MNIST は比較的小さなデータセットなのですが、学習には結構な時間がかかります。このため、大きなネットワーク、大きなデータセットでは、GPU と呼ばれる画像処理に適した処理ユニットを用いたり、複数のコンピュータで分散学習をさせることになります。

　ここでは、ネオコグニトロンについて、確認しましたが、このようにコンボリューション層を重ねたディープニューラルネットワークを Convolutional Neural Network と呼び、これがディープラーニングのスタートになりました。

7.3　ディープラーニングの始まり AlexNet

　それから、コンピュータの性能が飛躍的に上がり、使える電子データも格段に多くなり、環境が整いました。2006 年、カナダの認知心理学者ヒントンが発表した論文では、ニューラルネットワークを用いて抽象概念を学習するという考えが提唱されました。しかも、彼らのニューラルネットは高性能でした。パターン認識の専門家の間では、プログラムの性能を競うコンペティションがあるのですが、文字認識でも画像認識でも驚くほど高い性能を示しました。これがディープラーニングです。

　その仕組みですが、ネオコグニトロン同様、層を重ねることでより抽象的な特徴を学習することを目指します。さらに、上の層へ行くほどニューロンの数を絞ることでその抽象性を担保します。このようにオートエンコーダと呼びますが、入力データの持つ構造をまず抽象的なレベルまで学習してしまいます。そのご、バックプロパゲーションにより教師信号に合わせて調節することで、自己組織化と教師あり学習をうまく組み合わせた形になっています。

　さらに、ドロップアウトと呼ばれるテクニックを用いて、ランダムに半数ほどのニューロンを学習に使わなかったりします。これにより過学習や局所最適に陥るのを防ぎます。さらに、バッチノーマライゼーションと呼ばれるコンボリューションの出力を 0 1 に正規化することで、層ごとの出力画像を整えることで学習を最適化する手法が用いられています。

このようにいろいろなテクニックを組み込んで、多くの層を重ね、パーセプトロンの時代からの目標を達成したニューラルネットワークがディープラーニングです。

さて、ヒントンらのグループが 2012 年の ILSVRC というコンペティションで優勝したときのネットワーク Alexnet を見てみましょう（図 7.14）。ネオコグニトロンを作ったときのモデルの部分だけを書き換えます。

まず、Alexnet のネットワークの構造は以下の通りです。5 つのコンボリューション層、3 つのプーリング層、3 つの全結合層から成り立つディープニューラルネットワークになっています。

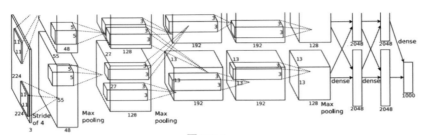

図 7.14

A. Krizhevsky, I. Sutskever, and G. E. Hinton. Imagenet classification with deep convolutional neural networks. *Communications of the ACM*, 60(6):84–90, 2017. より figure 2 を引用。

ここでは、ImegeNet という 1400 万枚以上のラベルつきカラー画像からなるデータセットの学習用に作られたものなので、入力を MNIST に合わせる必要があります。ImageNet の画像は (224,224,3) のサイズ（最後の 3 は色を表す RGB）で、1000 種類のラベルを学習するのですが、MNIST は (28,28,1) の小さい画像で、ラベルは 10 種類ですので、入力層と出力層は調節が必要です。ここでは、図 7.15 のような構造をとりましょう。

```
from keras.models import Sequential
from tensorflow.keras.layers import Dense,Conv2D,MaxPooling2D,Flatten,Dropout,BatchNormalization

model = Sequential()

model.add(Conv2D(96,(5,5),strides=(1,1),input_shape=(28,28,1)
```

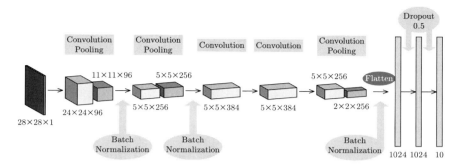

図 7.15

```
          ,activation="relu"))
 7  model.add(MaxPooling2D(pool_size=(3, 3),strides=(2,2)))
 8  model.add(BatchNormalization())
 9
10  model.add(Conv2D(256,(5,5),strides=(1,1),padding="same",activ
        ation="relu"))
11  model.add(MaxPooling2D(pool_size=(3, 3),strides=(2,2)))
12  model.add(BatchNormalization())
13
14  model.add(Conv2D(384,(3,3),strides=(1,1),padding="same",activ
        ation="relu"))
15
16  model.add(Conv2D(384,(3,3),strides=(1,1),padding="same",activ
        ation="relu"))
17
18  model.add(Conv2D(256,(3,3),strides=(1,1),padding="same",activ
        ation="relu"))
19  model.add(MaxPooling2D(pool_size=(3, 3),strides=(2,2)))
20  model.add(BatchNormalization())
21
22  model.add(Flatten())
23
24  model.add(Dense(1024, activation='tanh')) # alexnetは tanhを使
        っていました
```

```
25  model.add(Dropout(0.5)) # 半分をドロップアウト
26
27  model.add(Dense(1024, activation='tanh'))
28  model.add(Dropout(0.5)) # 半分をドロップアウト
29
30  model.add(Dense(10, activation='softmax'))
```

　こんな感じで書くことができます。これを走らせるのはとても時間がかかります。余裕のある人は、余裕のあるときに試してください。入力と出力を変えるといろいろな画像のいろいろなラベルが学習できますので、もっと余裕のある人は試してみてください。

7.4　その後のディープニューラルネットワーク

7.4.1　VGG

　2014年のコンペティションで好成績を上げたネットワークです。convolution層と全結合層を組み合わせて、16層、もしくは19層を積み重ねたシンプルなネットワークで、その後の研究のベンチマークとしてよく使われたネットワークです。当時は16層というのは非常に深いネットワークで、層を深くすることが学習性能を増すことが明らかにされました。

　図7.16のような構造になっており、Kerasで作ることも、そんなに大変というわけではありません。この図でも入力はImageNetになっています。

　VGG以降の層の深いネットワークは、学習に非常に大きな時間がかかってしまいます。ここで、KerasでVGGを作ることはしません。代わりに、学習済みのVGGのモデルを使うことにしましょう。

7.4.2　学習済みニューラルネットワークを使ってみる

　ディープラーニングの大きな利点の1つが転移学習です。異なるタスクのための学習であっても、例えば画像認識のためのニューラルネットがあるとすると、それは高次の抽象的特徴の学習が済んでいるはずであり、別の学習をするために必要なのは最後のほうのいくつかの層だけでいいはずです。これを転移学習と言います。また、学習済みニューラルネットを使うことで、学習の手間を減らせますし、転移学習しなくても高性能なニューラルネットが使えることに

7.4 その後のディープニューラルネットワーク

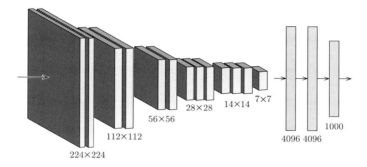

図 7.16
Simonyan, K., & Zisserman, A. (2014). Very deep convolutional networks for large-scale image recognition, *arXiv preprint*, arXiv:1409.1556 [cs.CV], 2014. を基に作成。

なります。少しだけ見てみましょう。ここでは VGG16 を使ってみましょう。

まず、学習済み VGG16 をインポートします。これは ImageNet という大量の画像で学習された重みがすでに学習されています。

```
from keras.applications.vgg16 import VGG16
from tensorflow.keras.preprocessing import image
from keras.applications.vgg16 import preprocess_input, decode_predictions
import numpy as np

model = VGG16(weights="imagenet")
```

次に適当な画像の判別をしてみましょう。何か画像をダウンロードして、そのサイズを確認してください、

```
img_path = "zebra.jpg" # 判別させたい画像。適当にアップロードしましょう。
img = image.load_img(img_path, target_size=(224,224))# 画像を読み込む 要サイズ
x = image.img_to_array(img) # 画像を配列に
x = np.expand_dims(x, axis=0) # 1次元配列に
x = preprocess_input(x) # vgg16の形式に合わせる

```

```
7   preds = model.predict(x)  # モデルから予測
8
9   print(decode_predictions(preds, top=3)[0])  # 予測のトップ3を
        返す
```

このように、簡単に高性能なニューラルネットを利用できます[※3]。

7.4.3　GoogLeNet

GoogLeNet は、とても深く、複雑なネットワークです。特に、同じ深さに複数の層を持っているのが特徴です。単線的なネットワークだと、それぞれの層でフィルタサイズを決めないといけないのですが、GoogLeNet では、同じ深さで複数の大きさのフィルタを通して、その後統合する形をとります。これは、inception 構造と呼ばれています。

inception 構造は、図 7.17 の通りです。同じ深さに複数の層を持っていることがわかります。

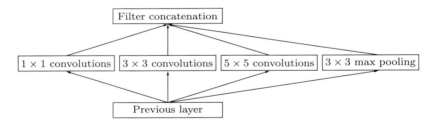

図 7.17

GoogLeNet は、その後も改善され、GoogLeNet を Version 1 として、Inception V2, Inception V3, Inception V4 まであります。また、次に説明する ResNet の Residual block を導入した Inception-resnet もあります。

Keras の学習済みネットワークでは、Inception V3 と Inception ResNet が VGG と同様にダウンロード可能です。余裕のある人は試してみてください。

[※3] https://keras.io/api/applications/

7.4.4 ResNet

2015年、152層という驚異的な層の深さのネットワークが登場しました。ResNet (Residual Network) と呼ばれるネットワークです。図7.18のように、ResNetには、shortcutと呼ばれる、コンボリューション層をスキップする出力があります。

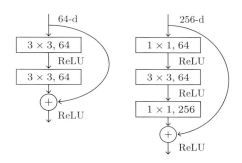

図 7.18

これにより、この間に入っているコンボリューション層は、入力との差分を学習することになり、層を深くしても勾配が消失しにくい特徴があります。このshortcutを介して、残差を学習するブロックをResidual Blockと呼びます。

ResNetの学習済みネットワークもKerasから簡単に使うことができます。試してみてください。その他にも、顔認識用や自然言語処理などいろいろな目的のために作られた学習済みネットワークが公開されていますので、興味のある人は探してみてください。

7.5　ディープラーニング、その他の応用

7.5.1　RNN, LSTM

時系列データを扱うためのニューラルネットワークです。ここまでのネットワークでは、各入力は独立であることを仮定していました。しかし、自然言語処理、音声処理など時系列を持ったデータは、前の時間の状態が次の時間に影響します。このような処理のため、前の時間の状態を、次の時間の入力に入れることから、Recurrent（循環、反復）Neural Networkと呼ばれます。Keras

では、SimpleRNN() を add することで RNN 層をモデルに加えることができます。

LSTM は、Long and Short Term Memory の略で、 RNN の持つ長期依存性の問題を解決するために開発されました。長期依存性とは、時系列データの中で直近のデータの影響は RNN で学習できるのですが、時系列的に離れた情報は学習できません。これを可能としたのが LSTM です。

7.5.2 DQN（ディープ Q ラーニング）

Q ラーニングは試行錯誤による学習の1つで、試行錯誤により、正解を教えられなくてもより良い行動選択が学習されることが特徴です。これと、ディープラーニングをつなげたものが DQN で、状況判断をディープラーニングが担い、その出力を受けた強化学習エージェントが行動を決定します。AlphaGO をはじめ、ゲーム AI で大きな成果を残しています。AlphaGo Zero では、強化学習による自己学習を、AlphaZero では、囲碁、将棋、チェスのすべてを同じシステムで学習し、AlphaStar ではビデオゲームで名人レベルの好成績を残しています。

7.5.3 GAN（敵対的生成ネットワーク）

GAN は、2つのニューラルネットワークからなるシステムです。例えば、図 7.19 では、上の文章から下の画像が 0 から作り出されました。1つのニューラルネットが画像を作ります。それを本物の写真と混ぜて、もう 1つのニューラルネットに渡します。もう 1つのニューラルネットは、渡された画像が本物の写真か、ニューラルネットが生成したものかを当てようとします。

つまり、1つ目のニューラルネットは、偽物と本物をもう一方のニューラルネットに見破られないことを目標に学習し、2つ目のニューラルネットは偽物と本物を見破ることを目標に学習をします。そうすると、結果的にこのように、人が見ても区別がつかないような画像を生成することができます。

7.5.4 Transformer

Transformer は、自然言語処理の分野で広く使用されるニューラルネットワークアーキテクチャの一種で、特に系列データにおいて、従来の RNN や LSTM よりも優れた性能を発揮します。

7.6 おわりに　141

図 7.19

H. Zhang, T. Xu, H. Li, S. Zhang, X. Wang, X. Huang, and D. Metaxas. StackGAN: Text to photo-realistic image synthesis with stacked generative adversarial networks. *2017 IEEE International Conference on Computer Vision (ICCV)*, 5908–5916, 2017. より Figure1 を引用。

　Transformer の特徴的な点は、注意機構 (Attention Mechanism) にあります。この機構は、異なる入力の要素に異なる重みを割り当てることができ、前後の関係から重要な情報にフォーカスし、文脈を考慮した系列処理が可能となりました。

　このように、Transformer は機械翻訳、テキスト生成、質問応答、テキスト分類、音声認識などのタスクで特に優れた性能を発揮し、その柔軟性と拡張性から、自然言語処理の主要なベースモデルとなりました。また、ChatGPT や Google の Bert のようなテキスト生成 AI も Transformer をもとにしており、さまざまな場面で実用化が進んでいます。

7.6　おわりに

　最近の高性能なディープニューラルネットは、複雑化しており、0 から同程度のものを作るのは非常に大変です。できたもの、公表されているものをうま

く使っていくのが、最初の一歩だと思われます。また、どのようなデータ解析でも、ディープラーニングが特別良い成績を出すというわけでもありません。どのような学習が好ましいのかよく考える必要があります。

参考文献

- Ian Goodfellow, Yoshua Bengio, and Aaron Courville（岩澤有祐ほか監訳，味曽野雅史ほか訳）『深層学習』(KADOKAWA，2018)

- 岡谷貴之『深層学習』（講談社，2015)

- Francois Chollet（株式会社クイープ訳，巣籠悠輔監訳）『Python と Keras によるディープラーニング』（マイナビ出版，2018)

8 試行錯誤による学習
——強化学習の素——

8.1 強化学習とは

8.1.1 パチンコ中毒者は当たる台を見つける

　ここでは例として2つのスロットマシーンがあり、そのうちどちらかを選んで、報酬を最大化したい場合 (two-armed Bandit task) を考えます。Bandit machine とは、図 8.1 のように本体の横に腕がついていて、それを引いて回すタイプのスロットマシーンのことです。以下は A と B、当たり確率の違う 2 台のスロットマシーンがある場合のプログラムです。ここでは、あなたは 20 回ゲームをすることができるとしましょう。確認して遊んでみましょう。

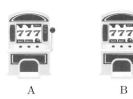

A　　　　B

図 8.1

```
1  import numpy as np # NumPyをインポート
2  def getChoice(): # 選択をする関数を作っておく
3      choice=input("A or B ?") # AかBで答えます
4      return choice
5  # 必要な変数を定義
6  t=20 # 20回やる
7  hist=np.empty(20,dtype=int) # 選ばれた選択肢をおぼえておく
        ための配列
8  goukei=0 # 合計得点を入れる変数
```

```
 9  # 選択肢の報酬額を乱数で決める。
10  if np.random.rand()>0.5: # 乱数については appendix
11      a,b=45,60
12  else:
13      a,b=60,45
14  # Two-armed Bandit taskの続き
15  for i in range(t): # t回繰り返す
16      choice=getChoice() # AかBか選ぶ
17      if choice=="A": # Aが選ばれたとき
18          hist[i]=1 # histに1を入れる
19          r=np.random.normal(a,20) # 平均aの正規乱数から
                  報酬をサンプル
20      elif choice=="B": # Bが選ばれたとき
21          hist[i]=2 # histにBに入れる
22          r=np.random.normal(b,20) # 平均bの正規乱数から
                  報酬をサンプル
23      else: # A, B 以外が選ばれたら終了
24          break
25      if r<0: # 報酬がマイナスのときは、(正規乱数の定義域は-∞から∞)
26          r=0 # 報酬を0にする
27      r=int(r) # 報酬を intに
28      goukei+=r # 合計をインクリメント
29      # トライアルごとの表示
30      print(f"{r}点当たりました")
31      print(f"合計は{goukei}点です")
32      print()
33
34  # 最後に結果を表示
35  print()
36  print("++++++++++++++++")
37  print("Aの期待値: "+str(a)+", Bの期待値: "+str(b))
38  print("Aの選択数: "+str(np.sum(hist[hist==1]))+", Bの選択回数:
        "+str(np.sum(hist[hist==2])))
39  print("合計点: "+str(goukei))
40  print("++++++++++++++++")
```

何度か遊んでみてください。20回も繰り返すと、最後のほうにはどちらの選択肢のほうがたくさん点が入りそうかわかってくると思います。最初は、どちらもどれくらいの報酬が得られそうかわからないのに、何度も繰り返す中でだいたいそれぞれの選択肢がどれくらいの報酬と紐づいているのかがわかってきます。これは典型的な試行錯誤による学習です。パチンコ中毒者も同様に当たる台を見つけていると考えられます。

ここでは、我々自身が学習しましたが、この章の目的は我々と同じような学習をするプログラムを書くことです。まずはこのプログラムをもとに書き直していきましょう。

演習 8-1 4-armed Bandit task

4択のバンディット課題を作成してください。それぞれの報酬は、平均が20, 35, 50, 65 で標準偏差が 20 の正規乱数からサンプルしてください。

8.1.2 ロシアの犬とアメリカの猫

ロシアの生理学者パブロフは 1903 年、犬の消化系の研究をしているときに、餌を運ぶ研究員の足音を聞くだけで唾液が分泌されることを発見しました。有名なパブロフの犬です。足音と餌の同時提示を何度も経験することで、初めはなかった唾液を分泌するという新しい反応が獲得されることがわかりました。同時期に、アメリカの心理学者ソーンダイクは、猫を小さい箱に閉じ込める実験をしました。箱の中にはレバーがありレバーを引くと蓋が空きます。閉じ込められた猫は、しばらく暴れたあと、偶然レバーに足がひっかかって箱から出られます。これを何度も繰り返すと猫が箱から出てくるまでの時間がどんどん短くなります。最初はなかったレバーを引くという新しい行動が獲得されることがわかりました。

これらが、これから考える学習の基本になります。どちらも餌がもらえたり、箱から出られたりと、報酬が関係することから、このような学習を、報酬に基づく学習と呼びます。

8.1.3 予測ははずれるものだけど

さて、報酬に基づく学習について考えるとき、大切なのは、報酬予測と実際得られた報酬の誤差です。これを予測誤差と呼びます。予測誤差に基づいて、

我々は、喜んだり、がっかりしたりします。バンディット課題に戻って考えてみましょう。

1. 最初、我々はどちらもどれくらいの得点が出そうか全くわかりません。このときの予測は人によるのですが、仮に、どっちも 30 点くらいだと思っているとしましょう。そうすると、両方の予測は 30 です $(V_A = V_B = 30)$。

2. 例えば、仮に B を選んで、結果 60 点得たとしましょう $(R = 60)$。このときの予測誤差は、$60 - 30 = +30$ で 30 点分よろこびます。

3. さて、次の予測ですが、どうしましょう。V_A は変わっていないので 30 のままです。問題は、V_B です。B は前回 60 点当たりました。B の予測は 60 でいいでしょうか？ 前回の 60 点は偶々良い点が出ただけかもしれません。そうすると $V_B = 60$ とするのはやりすぎです。でも、プラスの予測誤差があったのですから、いくらかは大きくするべきです。そこで、予測誤差 $(60 - 30)$ に $0 \sim 1$ の間の係数 α をかけて、$\alpha * (R - V_B)$ だけ、元の予測より大きくすることにしましょう。つまり、新しい B の予測は $V_B + \alpha * (R - V_B)$ です。仮に $\alpha = 0.2$ とすると、新しい予測は、$30 + 0.2 * (60 - 30) = 36$ になります。

4. 次のトライアルです。$V_A = 30, V_B = 36$ です。B のほうがよさそうです。B を選びましょう。結果、1 点当たったとしましょう。このときの、予測誤差は $1 - 36 = -35$ で、35 点分がっかりします。

5. また、3 と同じ手続きで V_B を更新します。このとき、$V_B + \alpha * (R - V_B) = 36 + 0.2 * (1 - 36) = 29$ で新しい B の予測は 29 点になります。

6. 次のトライアルでは、$V_A = 30, V_B = 29$ ですので、A を選びます。A についても結果に基づいて予測を更新していきます。

7. $2 \sim 6$ を繰り返すとどんどんそれぞれの選択肢の価値を更新していきます。最終的には、真の価値を学習することができます。

このように、試行錯誤を行ったうえで、予測誤差に基づいてその価値を更新して行くような学習を強化学習と呼びます。強化学習は、ロボットの行動獲得や、将棋や囲碁のゲーム AI などでも広く利用されています。2016 年に囲碁の世界チャンピオンに勝った AlphaGo も自分自身との対戦により強化学習で強くなっています。

また、中脳にあるドーパミンニューロンと呼ばれる脳細胞が、予測誤差をエ

8.1 強化学習とは　　*147*

ンコードしていることが知られており、ラットやヒトなどの実際の生物も強化
学習を行っているとかんがえられています。

8.1.4　走らせてみよう

上で見たように、強化学習では以下の式に従って、それぞれの選択肢の価値
を更新していきます。

$$V = V + \alpha * (R - V)$$

V は価値、または報酬予測、R は実際の報酬、α は学習率と呼びます。これ
を、バンディット課題のプログラムに実装してみましょう。最初に定義されて
い getChoice() を、これまでは我々が入力していましたがこれをプログラム
が選択する形に書き換えましょう。A と B についての、予測 V を引数にとり、
選択を return するとよさそうです。

```
def getChoice(V):
    if V[0]-V[1]>0:
        choice="A"
    elif V[0]-V[1]<0:
        choice="B"
    else: # 価値が等しいときはランダム
        if np.random.rand()>0.5:
            choice="A"
        else:
            choice="B"
```

次に、学習部分の関数を作りましょう。ここでは、予測と実際の報酬、それ
から選択と学習率が必要です。これらをもとに、新しい予測を返します。

```
def RLagent(V,R,hist,alpha):
    Vnxt=np.zeros(2)
    if hist==1: # 前回 Aが選ばれた場合は Aの価値を更新
        Vnxt[0]=V[0]+alpha*(R-V[0])
        Vnxt[1]=V[1]
    else:
        Vnxt[1]=V[1]+alpha*(R-V[1])
        Vnxt[0]=V[0]
```

148 第 8 章 試行錯誤による学習—強化学習の素—

```
9    return Vnxt # 新しい価値を返す
```

　次に、これらの関数が使えるように残りの部分を書き換えましょう。できる
人は、次のページを見ないでやってみてください。

　まず、予測を入れる配列 V を定義することが必要です。各トライアルでの予
測を保持できるよう 21 行の配列にして、さらに 2 列の 2 次元配列にして、1 列
目に A の予測、2 列目に B の予測を入れることにしましょう。これで、あとか
らそれぞれの選択肢の予測がどう変わったかを見ることができます。学習率 α
は仮に 0.3 としておきましょう。

　さらに、最初のトライアルのために最初の予測を決めないといけません。こ
こでは、両方とも 30 にしておきましょう。0 でもいいです。学習における初期
値はあくまで初期値なので十分に学習する時間があればいくつでも問題ありま
せん。しかし、初期値の設定の仕方で学習の効率は変わります。

```
1   t=20
2   hist=np.zeros(20,dtype=int)
3   goukei=0
4
5   # 必要な変数を追加
6   V=np.zeros((21,2))
7   V[0,:]=30,30 # 予測の初期値、0のままでもいい
8   alpha=0.3
9
10  if np.random.rand()>0.5:
11      a,b=45,60
12  else:
13      a,b=60,45
14
15  for i in range(t):
16      choice=getChoice(V[i,:])
17
18      if choice=="A":
19          hist[i]=1
20          r=np.random.normal(a,20)
21      elif choice=="B":
```

```
22        hist[i]=2
23        r=np.random.normal(b,20)
24    else:
25        break # A，B 以外のキーを押したら終了
26
27    if r<0:
28        r=0
29    r=int(r)
30    goukei+=r
31    print(f"{r}点当たりました")
32    print(f"合計は{goukei}点です")
33    print()
34    V[i+1,:]=RLagent(V[i,:],r,hist[i],alpha) # 次のトライアル
          に行く前に学習
35 # あとは変更なしなので省略
```

8.1.5　結果を見てみよう

さて、結果を見てみましょう。配列 V を確認することで、それぞれの選択肢に対する予測がどのように変化したかを、配列 hist を確認することでどちらの選択肢が選ばれたかを見ることができます。print() を使って確認してみましょう。

ここで、ちょっとだけグラフを書いてみましょう。グラフを書くには Matplotlib[1] というライブラリを使います。V のグラフを書いてみましょう。以下の通りで書いてみてください。Matplotlib については 4 章でも扱いました。

```
1 import matplotlib.pyplot as plt # インポート
2
3 plt.plot(V)
4 plt.ylabel("Value") # y軸ラベル
5 plt.xlabel("Trials") # x軸ラベル
6 plt.title("learning curve") # タイトル
```

同様に、hist についても書いてみてください。

---

[1] https://matplotlib.org/

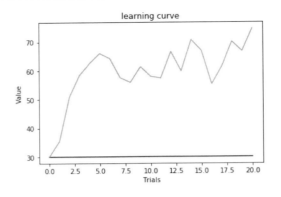

図 8.2

多くの場合、図 8.2 のようにどちらか 1 つだけの選択肢だけが学習されたのではないでしょうか。どうしてこんなことになったのでしょう？

8.1.6 活用と探索

強化学習の手続きでは、選ばれたものについてのみ学習され、価値が更新されます。選ばれなかったほうは、全く学習されず、いつも価値の高いほうのみを選ぶグリーディな戦略では、片方が全く選ばれないということがしばしば起こります。このとき、価値が低いと最初に思われたほうの選択肢の価値は、学習してみると本当は価値が高かったとしても、学習されることはありません。これを避けるためには、時には価値の低いと思われるほうも選ぶことが必要です。価値が低いと思われるものについても学習を進めることで、両方の選択肢の価値を正しく推定しより良い選択ができるようになります。このように、強化学習ではいつも「今までに学習した結果を活用する」か「新しい可能性を探索するか」のバランスをとらなければならないという問題を抱えます。これは、exploitation-exploration trade-off と呼ばれ、強化学習の大きな研究課題です。

この問題に対する 1 つの簡単な解決が、初期値を変えることです。初期値を例えば、両方 100 にしてみましょう。この場合は両方がそれなりに学習されたのではないでしょうか。大きな初期値をとることで、両方の価値が初期値から選ばれるほど下がっていき、反対を選ぶことになるので両方が学習されます。オプティミスティック初期値と呼ばれます。

8.1 強化学習とは **151**

しかし、オプティミスティック初期値による解決は、学習の初期に大きな
エラーを出しますし、場合によってはあまり現実的ではありません。根本的
な解決には、やはり単純に価値の大きいほうを選ぶという戦略を変更しなけ
ればなりません。単純な解決として、ある確率 ε で価値の低いほうを選ぶと
いう戦略が考えられます。ε グリーディ戦略と呼ばれます。ε を引数に加えて
getChoice() を書き換えてみましょう。

```python
def getChoice(V,e):
    if V[0]-V[1]>0:
        if np.random.rand()<e:
            choice="B"
        else:
            choice="A"
    elif V[0]-V[1]<0:
        if np.random.rand()<e:
            choice="A"
        else:
            choice="B"
    else: #価値が等しいときはランダム
        if np.random.rand()>0.5:
            choice="A"
        else:
            choice="B"
    return choice #choiceを返す
```

あまりきれいではありませんが、わかりやすく書くとこのようになります。こ
れで実行して、V と hist のグラフを書いてみましょう。課題中の getChoice()
を使用するところで、e を加えるのを忘れないでください。

図 8.3 のようになります。少し解決したのではないでしょうか？ ε の値を変
えていろいろ試してみてください。Exploitation-exploration のバランスの難
しさを感じてください。

ε グリーディは、効果的で一般的な方法ですが、すべての選択肢をいつも均
等にランダムに選んでしまうという弱点があります。つまり、価値の差が大き
くて選ぶ必要がないような選択肢でも、価値の差が小さくてより探索を必要と

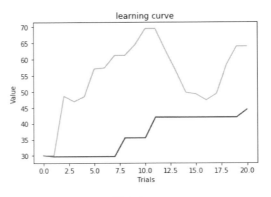

図 8.3

する場面でも同じようにふるまいます。

これを解決するには、選択肢の価値の差に基づいて、差が大きいときは小さい確率で、差が小さいときは大きめの確率で、反対の選択肢を選ぶことが求められます。このために用いられるのがソフトマックス関数です。

$$\mathrm{softmax}(V, \beta) = \frac{\exp(\beta * V_x)}{\sum_{i=1}^{n} \exp(\beta * V_i)}$$

これの2択の場合は、以下の通りで A を選ぶとき確率が決められます。

$$\mathrm{softmax}(V, \beta) = \frac{\exp(\beta * V_\mathrm{a})}{\exp(\beta * V_\mathrm{a}) + \exp(\beta * V_\mathrm{b})}$$

グラフで見てみましょう（図 8.4）。

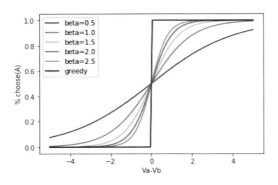

図 8.4

縦軸が選択肢 A を選ぶ確率、横軸が A と B の価値の差です。黒線がグリーディな戦略で V_a が少しでも V_b より大きいと 100 ％の確率で A を選び、逆だと B を 100 ％の確率で選びます。その他の線が、ソフトマックス戦略の場合の確率です。選択肢間の価値の差が小さいほど、価値の低いほうの選択肢を選ぶ確率が大きくなることがわかります。また、その度合いはパラメータ β で決まります。β は温度と呼ばれるパラメータです。これは、ここでの数式が、温度における分子運動の状態を表すものと同じところからきています。

さて、これを実装してみましょう。まず、softmax() 関数を定義しましょう。引数は価値と β です。複数の選択肢の価値を配列で表すことにしましょう。

```
1  def softmax(V,beta): # 引数は NumPy配列 Vと beta
2      V=V/np.max(V) #最 大値で割っておく。やらなくてもいいけど。
3      P=np.exp(beta*V)/np.sum(np.exp(beta*V))# softmax
          の式そのまま
4      return P # それぞれの選択肢の選択確率の入った配列
```

それでは getChoice() も softmax() を使う形に変えます。

```
1  def getChoice(V,beta):
2      P=softmax(V,beta)
3      if np.random.rand()<P[0]:
4          choice="A"
5      else:
6          choice="B"
7      return choice # choiceを返す C
```

面倒な部分は、softmax() がやっているので、単純になりました。ここでは 2 択なので、A でなければ B なので簡単です。それでは、これで走らせてみましょう。おそらく $\beta = 0.1$ くらいでいいと思います。改善しましたでしょうか？

演習 8-2　4-armed Bandit Task

4 択のバンディット課題を作成し、学習するプログラムを書いてください。その際に、使用するパラメータ（学習率、逆温度など）は各自適切に設定してください。行動選択は、ソフトマックスでも ε グリーディでも OK です。

154　第 8 章　試行錯誤による学習—強化学習の素—

演習 8-3　non-static Bandit Task

　途中で報酬が変化する場合どのようなことが起こるでしょう？ 実際にそのような状況をプログラムし、シミュレーションしてみよう。我々は、α, β または ε の 2 つのパラメータを持っています。これらを調節することで、途中で変化する報酬にうまく対応することはできるでしょうか？ 確認してください。まずは自分でやってみてください。

8.2　Q 学習と格子の世界

　ここまで、バンディット課題を用いて単純な学習を見てきました。バンディット課題は、いつも同じ状況から 1 つの意思決定を行って、その直後に報酬が得られる課題です。多くの状況では、状況は変化しますし、複数の意思決定の後に報酬が得られるということもあります。そのような場合はどのような学習が有効でしょうか？

8.2.1　Small Grid World

　4 × 4 のマス目でできた世界があるとします（図 8.5）。今、(0, 0) の部屋がスタートで (3, 3) の部屋がゴールだとします。各部屋には上下左右に扉があり、4 方向にそれぞれ進むことができます。1 マス進むごとに −1 の報酬が与えられます。ゴールに到着すると +100 の報酬が得られ、そこでゲームは終了です。例えば、上に部屋がない場合は移動しませんが、−1 の報酬は得られるとします。強化学習エージェントは、この環境でどのような行動を獲得するでしょうか？

S (0,0)	(1,0)	(2,0)	(3,0)
(0,1)	(1,1)	(2,1)	(3,1)
(0,2)	(1,2)	(2,2)	(3,2)
(0,3)	(1,3)	(2,3)	G (3,3)

図 8.5

バンディット課題と同様に、$V = V + \alpha * (R - V)$ の式で価値を更新したとしましょう。small_grid_world_MDP.ipynb をダウンロードして確認してみましょう。これを走らせると、下と右への移動の価値が高くなっていることがわかります。確かにゴールはスタートから見て右下にあり、そちらに進むのがよさそうです。

しかし、この学習結果だと、どのマスにいる場合でも、下や右の価値が同じように高いことになります。本当は、一番下の行にいるときは下に行く価値は低くなるはずです。これを解決するためには、今現在の「状態」に応じた行動選択をする必要があります。

8.2.2 将来のための「捕らぬ狸の皮算用」

エージェントが環境との相互作用から学習し、目標を達成するところが強化学習の特徴です。エージェントは環境の「状態」(state) を知ることができます。さらに、エージェントはそのときの「状態」に応じて行動を選択し、環境から報酬を得ます。また、前回の選択の結果、「状態」が変化することもありえます。刻々と変わる「状態」から可能な行動への結びつけのことを「方策」(policy) と呼びます。さらに、エージェントの目標は報酬によって定義され、報酬の総量を最大化することです。これは、それぞれ意思決定が伴うエピソードが連続的に起こる場合には、各エピソードでの報酬を最大化することではなく、最終的な報酬の総量を最大化することです。そうすると、各意思決定において将来の報酬について考える必要が出てきます。今、たくさんの報酬を得るよりも、即時報酬が少なくても将来多くの報酬を得る可能性が高い選択肢を選ぶ必要があるためです。時間を t としたとき、総報酬 R_t は各時間の即時報酬を r_t とすると、

$$R_t = r_t + r_{t+1} + r_{t+2} + r_{t+3} + \cdots + r_n + \cdots$$

といった形で将来の報酬を含めた形で考えないといけません。しかし、このままだと R_t は無限大に発散するので、$0 < \gamma < 1$ となる定数 γ を用いて、

$$R_t = \gamma r_t + \gamma^2 r_{t+1} + \gamma^3 r_{t+2} + \gamma^4 r_{t+3} + \cdots + \gamma^{n-t+1} r_n + \cdots$$

とすることで、R_t は収束します。この γ は時間割引率と呼ばれ、将来の報酬は間引いて評価することを意味します。将来の報酬は割り引かないと、遠い未来の大きな報酬を意思決定に考慮することになり、良い意思決定ができません。

_156_　第 8 章　試行錯誤による学習—強化学習の素—

30 歳を過ぎてもプロ野球選手を目指してる人みたいになります。逆に $\gamma = 0$ とすると、即時報酬のみを考慮することになり、総報酬では損をする可能性があります。適切に設定された時間割引率が必要です。

8.2.3　今の行動が将来を決める

　一般的には、過去のすべての意思決定が次の時間の報酬を決めます。しかし、過去のことは関係なくて、今この時間の意思決定のみが次の時間の報酬と状態を決める場合もあります。このような性質をマルコフ性と呼びます。例えば、迷路などはマルコフ性を持ち、今どちらに曲がるかだけが、次の到着地点を決めます。連続的な強化学習において、マルコフ性が近似的にでも成り立つことは非常に大切です。今の意思決定が次の報酬と状態を決め、さらに次の意思決定がその次の・・という関係が成り立つためです。さて、マルコフ性を仮定すると、将来の価値は次の状態から得られる将来の価値として考慮することができます。

　ある状態 s で、ある行動 a を選ぶ価値 $Q(\mathrm{s}, \mathrm{a})$ は、

$$Q(\mathrm{s}, \mathrm{a}) = Q(\mathrm{s}, \mathrm{a}) + \alpha \left\{ \underset{実際に得られた報酬}{\mathrm{Rwd}} + \underset{次の状態での価値の最大値}{\max_i Q(s+1, i)} - Q(\mathrm{s}, \mathrm{a}) \right\}$$

の式で更新できることになります。これまで価値は V と書いてきましたが、ここでは Q と書きます。Q は、ある状態である行動をとるときの価値です。右辺は、これまでの予測誤差は、（即時報酬 − 予測）でしたが、ここでは、（即時報酬 ＋ 次の状態の価値の最大値 − 予測）となり次の状態が考慮されています。マルコフ性により、現在の状態 s と行動 a が決まると次の状態が決まることから、これが可能となります。さらに、マルコフ性を仮定するなら、次の状態のみを考慮すれば十分です。次の状態が次の次の状態を決めることになるからです。このような学習を Q 学習と呼びます。また、Q を行動価値、max Q を状態価値と呼びます。

8.2 Q学習と格子の世界 **157**

8.2.4 格子の世界へ

さて、このQ学習を我々の4×4の格子迷路に当てはめてみましょう。まず状態は、各マス目に対応し16個の状態があります。それぞれのマスで4つの行動が可能なので、それぞれの状態に4つの価値を学習する必要があります。以下のように、行動価値 Q を記録する表 Qtable を定義しましょう。

```
1  Qtable=zeros((4,4,4))# 行動価値Qの入れ物
```

この Qtable の中の値を書き換えていくと状態に合わせた価値を学習し、より良い学習ができるようになります。

演習 8-4 Small Grid World

Small_grid_world.ipynb を Q 学習を行うように書き直してみましょう。さらに、これまでの単純な学習と性能を比較してみましょう。

演習 8-5 Small Grid World 報酬の与え方

Small_grid_world では、1マス進むごとに -1 の報酬を、ゴールにおいて $+100$ の報酬を与えました。この報酬の与え方は強化学習において重要でしょうか？ 例えば、

1. 移動に伴う報酬は 0 で、ゴールの報酬のみ
2. 移動に伴う報酬を$+1$ で、ゴールの報酬は$+100$
3. 移動に伴う報酬は$+10$ で、ゴールの報酬は$+1000$

などを試して、パフォーマンスを比較し、学習における報酬の与え方の効果を検証してください。

演習 8-6 壁あり Small Grid World

Q 学習を用いて、図 8.6 のような世界でSからGに至る経路を学習してください。太線部分は壁になっており、端のマスと同様、壁にぶつかると進むことはできません。

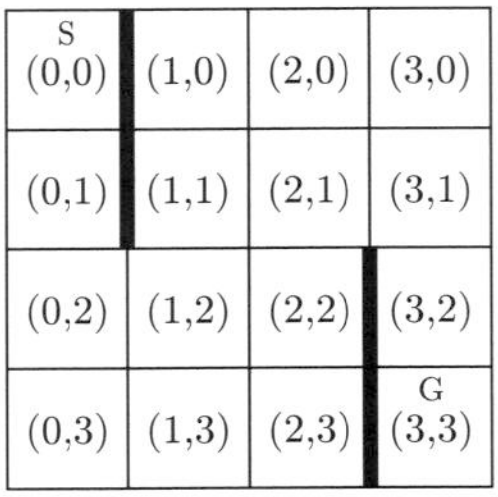

S (0,0)	(1,0)	(2,0)	(3,0)
(0,1)	(1,1)	(2,1)	(3,1)
(0,2)	(1,2)	(2,2)	(3,2)
(0,3)	(1,3)	(2,3)	G (3,3)

図 8.6

8.3 おわりに

強化学習は、何の指示も受けずに環境との相互作用から行動を獲得できることから、動物がどのように環境の中で学習していくのかということについての1つのモデルを提供します。この意味で、人と同じような知能を持ったコンピュータを実現するという人工知能の目標において非常に重要です。さらに、性能だけをとっても、ディープラーニングとQ学習を合体したDQN (deep Q network) やその発展形であるA3Cなどが、AlphaGoに用いられるなど、近年大きな成果を上げています。

参考文献

- Richard S. Sutton and Andrew G. Barto（奥村エルネスト純ほか監訳）『強化学習 第2版』（森北出版, 2022）

  * 世界中で読まれている強化学習の教科書です。

- 牧野貴樹・澁谷長史・白川真一編『これからの強化学習』（森北出版, 2016）

- 本多淳也・中村篤祥『バンディット問題の理論とアルゴリズム』（講談社, 2016）

付録　乱数の生成　*159*

付録　乱数の生成

　np.random.~ として、np.random モジュールを用いて乱数を生成すること
ができます。乱数の生成することで、いろいろな計算やシミュレーションが簡
単になることがあります。

```
1  import numpy as np # インポート
2  arr1=np.random.rand() # 0〜1の一様乱数からサンプル
3  arr2=np.random.randn() # 平均0、標準偏差1の正規乱数からサンプル
4
5  arr1_1=np.random.rand(4,5) # 0〜1の乱数で作られた4×5の2次元
      配列
6  arr2_1=np.random.randn(4,5) # 平均0、標準偏差1の正規乱数で作
      られた4×5の2次元配列
7
8  arr1_2=np.random.random() # 0〜1の乱数からサンプル
9  arr2_2=np.random.normal(0,1) # 平均0、標準偏差1の正規乱数から
      サンプル
10
11 arr1_2=np.random.random((4,5)) # 0〜1の乱数からサンプル4×5
12 arr2_2=np.random.normal(0,1,(4,5)) # 平均0、標準偏差1の正規
      乱数4×5
```

9 AI 時代の社会の問題

　科学技術の発達は、いつも社会と技術の間に、それまでにはなかった新しい問題を生み出してきました。近年の情報技術の発展は目覚ましく、我々の社会を大きく変革する一方で、さまざまな新しい問題を生み出しています。例えば、人工知能学会からは「人工知能学会 倫理指針」[※1] が、内閣府からは、「人間中心のAI 社会原則」[※2] が公開されており、AI と社会の間の問題が重要視されていることがうかがえます。この章では、いくつかの問題を具体的に考えてみましょう。

9.1　知られたくないこと：プライバシーの問題

　現在の AI の隆盛は SNS、オンライン販売、クラウドコンピューティングやIoT などの情報システムの普及により、大量のデータを収集、処理できるようになったという背景があります。普通に生活しているだけで、知らず知らずに大量の個人情報を垂れ流してしまっている可能性もあることに注意してください。現在の AI のメリットは、大量のデータを基に学習することで、1 つ 1 つのデータそのものからは想像できない隠れた情報を得ることができることです。これはすばらしいことではありますが、自分自身の情報を公開するという立場になってみると、自分が公開した情報からは想像できないようなことまで知られてしまう可能性があるということになります。例えば、Kosinski (2013) では、Facebook の履歴から、性別、年齢はもちろん、個人の性的志向、民族意識、宗教、政治的傾向から性格や知性、幸福度まで推定できると主張しています。実際に、Google では、サービス（検索、YouTube など）にログインしているときのアクティビティだけに基づいて、ユーザーの興味・関心について推定し、広告に役立てています。皆さん自身のものも Google 広告設定[※3]で確認

[※1] https://www.ai-gakkai.or.jp/ai-elsi/wp-content/uploads/sites/19/2017/02/
人工知能学会倫理指針.pdf
[※2] https://www.cas.go.jp/jp/seisaku/jinkouchinou/pdf/aigensoku.pdf
[※3] https://adssettings.google.com/u/0/authenticated?hl=ja

できます。年齢、性別、世帯収入、子どもの有無などが推定されています。

　また、自分が公開した情報の1つ1つに価値がなくても、他者が公開した情報と一緒になって大量のデータとなることで価値を持ちうるということもあります。顔認証技術のClearview AI社は、Facebook, YouTubeなどのインターネット上の公開情報のみから、100億人以上の顔画像を収集（2021年12月現在。https://www.clearview.ai/より）し、警察や安全保障局など法執行機関に顔データベースと顔検索システムを提供し捜査に協力しています。しかしながら、このデータ収集では個人の同意を得ておらず、結果的に多くの州・国でプライバシー保護上の問題があるとされ、多くの訴訟に発展しました。

　現在、あらゆるものが電子データとして取得・処理できるようになり、それが新しいビッグデータをうみだすことで、我々に新しい価値や利便性を与えてくれています。その一方で、このような新しい技術はプライバシーの問題を引き起こしうるものであり、事前にどのような情報がプライバシーにかかわるのかを知りえないという意味で新しい問題です。

　最後に例として、社会信用システムに触れておきます。社会信用システムは、中国政府の構想の1つで、全国民を現実、インターネット上の両方から得られるデータを基にランキングし、social creditと呼ばれる得点に換算します。その得点が低い場合には、社会での行動に制限が加えられることもありうるとされています。社会の発展、利便性、安心などの社会全体の共通の利益に対して、我々のプライバシーが制限されざるを得ないことは仕方のないことである一方で、我々自身がどのような個人情報がどのように取得され、どのように利用すべきかを事前に知ることができない可能性とどう向き合うべきか、これからの時代のプライバシーの問題を考える必要があるのは間違いなさそうです。

演習 9-1

　Amazonのようなオンラインショッピングサイトでは、ユーザー単位に最適化された推薦システムを持っています。推薦システムは、過去の購買履歴からそのユーザーの購買可能性の高いものを薦めてくれるので非常に便利です。一方で、我々は、購買履歴として、個人の嗜好や購買傾向といった多くの個人情報を提供しているとも考えられます。オンラインショッピングの購買履歴は、どのようなプライバシーの問題を引き起こす可能があるでしょうか？

9.2 AIの機能はコードを見てもわからない：透明性の問題

　情報システムにかかわるサービスでは、どのように、どのような働きを実現しているサービスなのかを知ることは大切なことです。特に、家庭や学校、病院などで使われるAI技術においては、透明性が重要になります。ここでの透明性とは、使われている技術が、何を目的として、どのような原理で働くのかが明確であることを指します。通常ソフトウェアの透明性の問題は、ソースコードを公開することで解決され、AI分野においてもソースコードの公開が進められています。しかしながら、AI、特にディープラーニングを含むソフトウェアに関しては、コードの公開は必ずしも透明性の問題を解決しません。ディープラーニングの特徴・利点は、大量のデータから判断基準を自ら学習し、意思決定を行うことができることです。そうすると、どのように働くのか、判断基準は何なのかというユーザーにとって重要な情報がソースコードには含まれていません。開発者にとってすら、わからない場合が多いのです。

　透明性にかかわる1つの大きな問題は、信頼と安心の問題です。医療や介護のようなAIと人間が共同する場面ではAIの判断基準を人間も知りたいということが起こりえます。例えば、Lethal Autonomous Weapons System (LAWS)と呼ばれるAI技術により自律的に判断する兵器の開発が進んでいます。ドローン技術を使った無人爆撃機などが含まれます。これに関して、DARPA（アメリカ国防高等研究局）では、説明可能なAI (explainable AI；xAI) と呼ばれるプロジェクトが進行しています。将来、兵士が、AIパートナーと仕事をすることを考えると、人命にかかわることであり、実用化には透明性が欠かせないと考えられています。また、このようなAIの説明可能性の問題は新しく、挑戦的な研究分野となっています。

　同様の透明性の問題は、我々の日常生活にもかかわってくる可能性が高いと考えられます。例えば、自動運転車のようなものを考えたとき、すでに不幸にもいくつかの命が試験走行で失われてしまっていますが、何が事故の原因なのか、何が悪かったのかを知ることは非常に困難です。特に、AIが間違いを犯した場合に、どのような間違いをどうして起こしてしまったのか、それは誰の責任なのか、判断ができないということが起こりかねません。

　いかにAIの透明性を定義し実現するかは、これからの社会にとって重要な問題です。

9.2.1　人間の判断基準とAIの判断基準：adversarial attack

AIによる分類器は、人の目には気にならないようなノイズを乗せるだけで、全く違う判断をしてしまうことがあります。

図9.1の例では、停止の標識に、いくつかのテープを張るだけで、AIシステムには45 km/h速度制限と判断されてしまいます。

図 9.1

K. Eykholt, *et al.* Robust Physical-World Attacks on Deep Learning Visual Classification. *IEEE/CVF Conf. Comp. Vision Pattern Recog. 2018*, 1625–1634, 2018. より Figure1 を引用。

さらに図9.2のように、人の目には区別がつかなくてもAIの判断が異なる画像を作ることもできます。

 + .007 ×  =

"panda"　　　　　　　　　　　　　　　　　　　　　　　　"gibbon"
57.7% confidence　　　　　　　　　　　　　　　　　　99.3 % confidence

図 9.2

I. J. Goodfellow, J. Shlens, C. Szegedy. Explaining and Harnessing Adversarial Examples. *arXiv preprint*, arXiv:1412.6572 [stat.ML], 2014. より Figure1 を引用。

AIは当たり前ですが、間違えることもあります。その間違い方は、我々の予想もつかない間違い方であるかもしれません。

164 第 9 章 AI 時代の社会の問題

演習 9-2

自動医療診断技術の開発が進んでおり、特定の条件では熟練した医師以上の正確さを実現することが可能となりつつあります。このような自動診断 AI が実用化される際に、どのような透明性が求められるでしょうか？(1) 利用者（患者・医師）、(2) 安全認証機関、(3) 事故調査者、(4) 弁護士や証人となる専門家、(5) 広く一般の人々の 5 つのレベルでそれぞれに必要な要件を考えてみましょう。

9.3 AI こそ公平ではいられない：AI の偏見

AI はデータから学習します。社会のデータは世の中を反映するので、世の中にある偏見や悪意も含みうる可能性があります。こういった環境で学習した AI は偏見と悪意の塊のようなふるまいをするかもしれません。

2011 年、TIME 誌は 50 の優れた発明の 1 つに、predictive policing を挙げています。predictive policing は予測的警察行為といった意味で、犯罪の起こりそうな場所、時間帯をアルゴリズムにより予測し、事前にそこに警官を送り込むことで犯罪の減少を目指すシステムです。ロサンゼルス市警がこのようなシステムを導入しようとしたときに、ロサンゼルス州立大学の教員たちはそれに反対する声明を出しました。そのなかで、「過去の人類学、社会学の厄介な遺産」として問題視されたのは、例えば、黒人コミュニティでは犯罪率が高いというデータがあったとします。これは社会が歴史的に生み出してきた格差によるものかもしれません。しかし、過去のデータに従った予測をするこのようなシステムは、そのようなコミュニティを犯罪の起こりやすい地域と予測するでしょう。そして、そこへ派遣される警官が増えることがそこでの取り締まり件数を増やすことにつながるでしょう。このように、過去のデータからの犯罪予測は、現在の好ましくない格差を固定し、強調するのではないかという懸念があります。

演習 9-3

以下の 2 つの例にみられるような事象が起こってしまう原因を考えてみましょう。

1. Microsoft chatbot "Tay"

   Tay は、Microsoft 社が開発した AI で、19 歳のアメリカ人女性という設定で、Twitter 上のやり取りから会話を学習する AI でした。2016年 3 月、Tay が差別的な発言を繰り返すことから、Microsoft 社は Tay のサービスを停止せざるを得ませんでした。その後、一度は復旧しましたが、再び問題発言を繰り返すようになり Tay は完全に停止されることになりました。

2. Amazon sexist recruiting tool

   2014 年、Amazon 社は採用を助ける AI ツールを開発していました。履歴書情報を与えると 5 段階で候補者を評価することができました。2015 年、女性であることだけを理由に、システムの評価が下がることが明らかになり、Amazon はこのツールの開発をあきらめることになりました。

9.3.1　みにくいアヒルの子の定理

　「みにくいアヒルの子」は、アンデルセンの童話で、1 羽だけみんなと姿の違うみにくいアヒルの子がいじめられてたのですが、成長すると、アヒルではなく美しい白鳥だったというお話です。このお話にちなんだ情報科学のカテゴリー化に関する定理があります。みにくいアヒルの子の定理は、「みにくいアヒルの子と、かわいいアヒルの子の類似度は、かわいいアヒルの子同士の類似度と同程度である」という機械学習にかかわる重要な定理です。

　例えば、3 羽のアヒルがいてそのうちの 1 羽がみにくくて、残りの 2 羽がかわいいとしましょう。このとき、3 羽を分けるカテゴリーを区別するには 7 つの○・×で答えられる特徴が必要です（$2^3 - 1$ 個、全員が持っていない特徴を省いています）。もちろんそれ以上の情報もあるはずですが、それらを使うと 3 羽を区別するうえでは冗長です。そういうことがないとすると、表 9.1 の通りです。違いを数えてみましょう。どの 2 羽の間でも 5 つの違いがあると思います。つまりどの 2 羽を取っても同じくらい似ています。

　これはすべての特徴を同価値で扱っていることから起こります。特定の特徴に価値を付与することで、これは解決します。つまり、「かわいくて、きれい

表 9.1

	かわいいアヒル 1	かわいいアヒル 2	みにくいアヒル
特徴 1	○	○	○
特徴 2	○	○	×
特徴 3	○	×	○
特徴 4	×	○	○
特徴 5	○	×	×
特徴 6	×	○	×
特徴 7	×	×	○

で、見た目が良くて・・・」という風に特定の特徴を重要視することで（上の表では特徴2）、みにくいアヒルとかわいいアヒルの違いが現れます。

　分類もしくはカテゴリー化というのは、原理的に必ず何かしらの価値やバイアスを反映しています。みにくいアヒルは、アヒル自体がみにくいのではなく、それをみにくいと感じる価値観を我々が持っているからみにくいのです。アヒルはみんな似たようなものです。お話では白鳥ですが。分類を学習することは、価値観を学習することです。機械学習では、対象自体が実際にどう違うかではなく、教師データがどのように分類しているのかを学習するということにいつも注意してください。

9.4　AI の決定は誰の責任？：代理意思決定の責任の所在

　AI 技術の普及が進んでおり、我々ユーザーは、商品の配送から国防の確保まで、さまざまなタスクに対応するために AI に依存しています。このように、いろいろな課題を AI に任せることは、コストを下げ、リスクを減らし、意思決定の一貫性と信頼性を高め、複雑な問題に対する新たな解決策を提案することが可能になり、社会に大きな利益をもたらしています。

　例えば、医療画像診断は乳がん患者の診断エラーを 85 ％ 削減することができるといわれています。AI サイバーセキュリティシステムは、サイバー攻撃を特定して無力化するまでの平均時間を約 100 日短縮することができるそうです。

　しかし、このような代理意思決定の責任は誰が負うのが妥当なのでしょうか？　近年、急速に自動運転車が実用化へと向かっており、すでに試験段階で

いくつかの事故も起こりました。これに伴って、完全自動運転車が事故を起こした場合に、その責任の所在はどうなるのかという議論が起こっています。開発者でしょうか。メーカーでしょうか。自動車に乗っている人でしょうか。さらに、これは法的な責任の問題だけでなく、感情やモラルの問題、例えば、完全自動運転車がバスと正面衝突するか、それともそれを避けるために人のいる歩道に突っ込むかを選ばないといけないような場面が起こったとき、その選択をAIに委ねてよいのかといった問題や、AIの意思決定の結果として起こってしまった事故の被害者に納得できる説明は可能なのかというような問題も含んでいます。

9.5 いつも誰かに見られているかも：AIの不可視性と影響力

Google Home や Amazon Echo などの AI 技術を内蔵したスマートスピーカーの普及しつつあります。例えば、スマートスピーカーが部屋にあるとき、どのような情報がどのように処理されているのか、ユーザーはどこまで把握できるのでしょう？ どのように我々は自分のプライバシーを守ることができるのでしょうか？ 今後、より IoT が進むにつれて、我々はより多くの AI システムに囲まれて生活することになります。それらは、我々に気づかれることなく便利な生活を実現してくれる可能性があります。自分自身では知りえなかった（好みの）映画や音楽に出会い、思いもつかなかったはずの料理のレシピを手に入れ、予定や体調の管理までできるかもしれません。そして、スマートスピーカーを通して多くの消費をするでしょう。その一方で、このように AI が生活に統合され当たり前になった結果、我々は AI の便利さを享受しながら、その存在を意識しなくなるでしょう。AI の存在が見えなくなってくることはさまざまな問題を引き起こしえます。これまでに見た、プライバシー、透明性の問題だけでなく、自己決定権の侵食という問題も起こりえます。普遍的に存在する AI 技術は休みなく提案、後押しをすることで、我々の選択や行動を形作ります。そしてその不可視性はその影響力をより強くするであろうことは、多くの心理実験から予測されます。結果として、我々が自分自身の好みや価値観による意思決定と信じているものが、実は AI によって無意識的に方向づけられていたということが、起こってしまうかもしれません。

Spotify 社は、非常に優れた推薦システムを持つオーディオストリーミング

サービスを行っています。そこには、ユーザーの好みに合わせた新曲を探す機能や好みに合わせた再生リストを作成してくれる機能まであります。例えば、何年も毎日このようなサービスを受けて満足していたとして、その後、自分の好きな音楽は完全に自分自身の本当の好みだといえるでしょうか？作られたものであるということはないでしょうか？

演習 9-4

今後、AI が生活に普及した、よりより社会を実現するために、我々に今考えなければならないことはどのようなものでしょうか？考えてみましょう。

演習 9-5

生成 AI にかかわる社会問題について、調べて、通常の（生成 AI 以外の）AI にかかわる社会問題との違いを考えてください。

9.6　おわりに

この章で見たように、新しい技術は新しい社会問題を生み出すことがあります。特に、社会へのインパクトの大きい技術であればあるほど、新たな問題の重要度も大きくなります。今後、AI の時代を迎えるにあたって、専門知識はどんどん難解になり、ごく少数の専門家以外には理解が難しくなっていくと同時に、生活の中にいろいろな形で AI が用いられるようになることが予想されます。その結果、何をやっているのかわからない AI が、そこらじゅうで働いているような社会が実現するかもしれません。これからの社会が、便利で暮らしやすい社会とするためには、今の私たちが AI についての正しい知識と深い考察を持つことが重要なのかもしれません。

参考文献

- Y. Benkler. Don't let industry write the rules for AI. *Nature*, 569 (7755):161, 2019.

- D. Heaven. Why deep-learning AIs are so easy to fool *Nature*, 574(7777):163–166, 2019.

- I. M. Verma. Editorial Expression of Concern: Experimental evidence of massivescale emotional contagion through social networks *Proceedings of the National Academy of Sciences of the United States of America*, 111(29):10779, 2014.

- M. Kosinski, D. Stillwell, and T. Graepel. Private traits and attributes are predictable from digital records of human behavior. *Proceedings of the National Academy of Sciences of the United States of America*, 110(15):5802–5805, 2013.

- J. Lau, B. Zimmerman, and F. Schaub. Alexa, Are You Listening?: Privacy Perceptions, Concerns and Privacy-seeking Behaviors with Smart Speakers *Proceedings of the ACM on Human-Computer Interaction*, 2(CSCW), 2018.

- R. Van Noorden. The ethical questions that haunt facial-recognition research. *Nature*, 587(7834):354–359, 2020.

- S. Russell, S. Hauert, R. Altman, and M. Veloso. Ethics of artificial intelligence. *Nature*, 521(7553):415–416, 2015.

- M. Taddeo and L. Floridi. How AI can be a force for good. *Science*, 361(6404):751–752, 2018.

- A. Winfield. Ethical standards in robotics and AI. *Nature Electronics*, 2(2):46–48, 2019.

10 生成 AI とこれからの人工知能

10.1 もう一度、人工知能とは

人工知能は、知能という、なんだかすごいものを機械で実現しようとする取り組みを指してきました。このため、人工知能という言葉は、ある意味、今できないことをやろうとすることであり、そのため、その意味やそれが指すものは時代によって変化してきましたし、これからも新しいことができるようになるたびに、人工知能という言葉が意味するものは変遷していくものと思われます。現在において、おそらく、最も期待されているのは、生成 AI と呼ばれるものだと思われます。ここでは、生成 AI について、概観します。

10.2 ヒントンのディープラーニング

2024 年、ノーベル物理学賞を受賞したカナダの認知心理学者・コンピュータ科学者ジェフリー・ヒントンの 2006 年の論文がディープラーニングの最初の論文といわれます。ここで、ヒントンはニューラルネットワークの層を重ねることで、抽象概念を学習するというアイデアを明確に提示しました。層を重ねるにつれて、ニューロンの数を減らしていき、次元を圧縮することで、上の層ほど大域的で抽象的な概念が学習されます。図 10.1 の下半分がそれにあたり、最初は画像のピクセル数分の次元を持っている（各ピクセルの明るさの値）ものが、最初の層で 2000 次元（ニューロンの数）にその次に 1000 次元に、そして 500 次元になり、最後に 30 次元にまで圧縮されます。この部分をエンコーダと呼びます。ここで圧縮と呼びましたが、細部は落ちるとしても、元画像の情報が最後の 30 次元に含まれていないと圧縮とは言えません。そのような学習を保証するために、ここから先はデコーダと呼ばれる、元の次元まで戻すネットワークを重ねます。この最終出力が、元の画像と等しくなるように学習させます。このように、入力と出力が等しい形での教師あり学習をさせる仕組

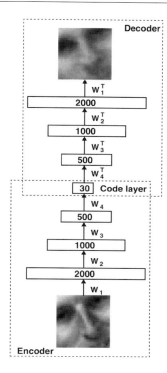

図 10.1
G. E. Hinton, R. R. Salakutdinov, Reducing the Dimensionality of Data with Neural Networks. *Science*, 313, 504–508, 2006. より Figure 1 の一部を引用。

みをオートエンコーダと呼びます。

10.3 データの生成

　ところで、機械学習では、分類と回帰と呼ばれる 2 種類の課題がありました。いずれの場合もデータをモデル化することで目標が達成されました。例えば、仮の課題として、理科と社会のテストの点数を使って理系と文系に生徒を分類することを考えましょう。それぞれの生徒が理科と社会の 2 つの点数を持っているので、生徒は 2 次元の空間に配置されていると考えることができます。X 軸に理科の得点、Y 軸に社会の得点をとると図 10.2 になります。ここで、1 つ 1 つの点は 1 人の生徒を表します。このような、空間を特徴空間と呼びます。

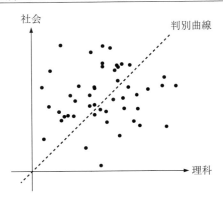

図 10.2

　この特徴空間上で、仮に社会のほうが理科よりも点数が良い人を文系、その逆を理系と呼ぶとすると、図の破線のような直線を引くことができ、この直線より上の点（生徒）は文系、下の点（生徒）は理系ということになります。ここでは、直線を書きましたが、SVM のような分類をすると曲線に、Decision Tree のような方法では折れ線になります。このような、線を判別曲線と呼び、これ自体が分類のモデルということになります（多次元では分離超平面と呼んだりします）。

　機械学習課題においては、このモデルを作った後、未知のデータを当てはめて分類を行いました。ここでは、未知のデータを持ってくる代わりに、仮想の得点を作ります。判別曲線より下の位置に、適当に点を打ちましょう。このような点は、モデル上、理系と分類されることは明らかです。そして、この点の座標を見ると、本当は存在しないのですが、1 人の理系の生徒の点数になっているはずです。この生徒は、元の学習データには存在せず、仮想の理系の生徒を生成したことになります。このように、極端に文系の生徒でも、どちらともいえないような生徒でも、自由に我々はこの特徴空間上に作り出すことができます。これを、より複雑な特徴空間で行うことで、本当は存在しない、画像や音楽などを作り出すことができます。

10.4 画像の生成

さて、より複雑な特徴空間を用いることで、画像も生成できると書きましたが、それはどういうことでしょう。まずは、先ほどのオートエンコーダに戻って考えてみましょう。

10.4.1 オートエンコーダ

オートエンコーダでは、エンコーダは、小さな次元まで元の画像の特徴を圧縮することができました。この圧縮された次元数（上のヒントンの例では30次元）がデコーダの入力となりますので、学習後のネットワークのデコーダ部分だけを使って、30個の数値を与えると1つの画像をデコーダは作り出すことができます。どのような数値を与えるとどのような画像ができるのでしょう？

ここでも、手書き文字認識データセット mnist の手書き数字を用います（variational_autoencoder.ipynb）。mnist の画像は 28 ピクセル × 28 ピクセルありますが、これをエンコーダで2次元にまで圧縮します。デコーダでは、この2次元を 8×28 次元にまでデコードし、入力画像自体を正解画像として、学習させます。このときの2次元の特徴空間を文字の種類ごとにプロットしたものが図 10.3 となります。

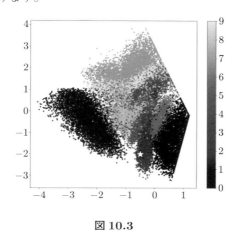

図 10.3

正解の数字ごとに、異なる色がつけてあります。このように分類されていますので、例えば、"2" という手書き数字を生成したければ $(-0.5, -2)$ といったような数値（図 10.3 の☆）をデコーダに与えれば、存在しない、新たな "2"

174   第 10 章　生成 AI とこれからの人工知能

の手書き文字を生成してくれます。このように、我々は、実際には存在しない
新たな画像を作り出すことができます。

10.4.2　敵対的生成ネットワーク

オートエンコーダでは、分類に基づいて画像を生成しました。この場合、例
えば、"2" と分類される画像を作ることはできますが、そのクオリティ、き
れいな文字であったり、ボールペンで書いたような字であったりといった要
素までは再現できません。画像生成の文脈でいうと、写真のような写実性のよ
うな画像を作ることがオートエンコーダはあまり得意ではありませんでした。
2014 年、Ian Goodfellow が発表した敵対的生成ネットワーク (GAN) は、驚く
ような写実性の高い画像を生み出すことで一気に有名になりました。GAN で
は、Generator（生成者）と Discriminator（判別者）と呼ばれる 2 つのニュー
ラルネットワークからなります。Generator は、本物の画像に似せたフェイク
画像を作り、それを Discriminator が本物か、Generator が作ったフェイクか
を判別します。これら 2 つのネットワークは敵対関係にあり、Generator は
Discriminator をうまくだまそうと学習を進め、Discriminator はより正しく
判別しようと学習を進めます。これによって、Generator の生成する画像は、
お互いの学習が進むにつれて、本物と見分けがつかないものへとなっていくと
いうのが GAN の仕組みです。図 10.4 は、1 万円札を生成する GAN の模式図
です。このように、Generator と Discriminator の両者が敵対的に学習するこ
とによって、どんどん精度を増し、本物と見分けがつかないような画像を作り
出すことができるようになります。

10.4.3　拡散モデル

2022 年、stable diffusion と呼ばれる、手軽に高品質な画像を生成できるモ
デルが公開され、画像生成がにわかに活気づきました。もとになっているのは
拡散モデルという考え方です。深層学習を取り入れた拡散モデルが提案されま
した。ここでは、データにノイズを段階的に加えていき、逆にそのノイズを除
去してデータを再構築するプロセスが紹介されました（図 10.5）。

Forward process は、画像にノイズを加えていく過程で、最終的に画像はラ
ンダムノイズになります。reverse process はノイズを除去していく過程で、最
終的に元画像を復元します。これらの過程を学習することで、reverse process

10.4 画像の生成　175

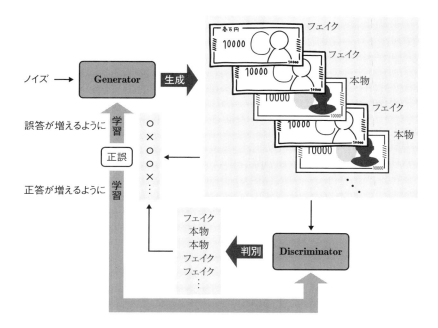

図 10.4

図 10.5

https://developer.nvidia.com/blog/
improving-diffusion-models-as-an-alternative-to-gans-part-1/
に文字を追加。

176 第 10 章 生成 AI とこれからの人工知能

はランダムノイズから高品質画像を生成するようになります。また、画像とテキストのペアから学習された大規模モデル CLIP により reverse process をガイドすることで、テキストからその内容に合った、高品質画像を作ることができるようになりました。

このように、現在では、これらのツールを使うことで簡単に、我々は目的の画像を生成できるようになりました。このような画像生成の技術は、ディープラーニングの技術自体の進歩をけん引してきた一方で、生成 AI 普及への流れも推進する力となっています。

10.5　言語の生成

生成 AI の中心は、画像生成とともに大規模言語モデルを基にしたシステムだと思います。かつて、冷戦の時代、AI による自動翻訳システムは 1 つの大きな目標とされていました。しかし、自然言語処理は非常に難しく、長い間、達成できないままでした。近年の自然言語処理の発展を概観してみましょう。

10.5.1　言葉の意味のあいまい性

言語には意味があります。この意味を持った単語、機械の中にどのように保持するのか、これが大きな問題でした。最も単純な方法は、辞書の語彙を書く特徴量として持ち、one-hot エンコーディングをするということです。ここでは、それぞれの単語は独立して意味を持つことになります。意味自体は、別に辞書を知識として持つことになり、それでは、単語自体が持つニュアンスを持てませんし、文脈で変化する意味については、全く機能しません。90 年代に、意味を木構造として持つ WordNet と呼ばれるデータベースが、認知心理学者 G.A. ミラーによって作られました。意味は、同意語、反意語を持ち、多くの語は、例えば、動物の 1 つ下の階層に、哺乳類、爬虫類、魚、鳥などがあり、鳥の下に、すずめやカラスやペンギンがあり、さらにその下に、アデリーペンギンやケープペンギンがいるといった構造を持っています。60〜70 年代には、このような構造が、我々の頭の中でどのように構成されているのか、心理学の世界で盛んに研究され、意味ネットワークと呼ばれました。これを、まとめたものが WordNet で、自然言語処理において長く利用されました。しかしながら、WordNet においても、固定的な知識を利用することになり、柔軟な話し

ことばについては、理解も生成も困難でした。

10.5.2 言葉の意味は周りが決める

　そのような状況で、大きな転換点になったのが 2013 年に発表された Word2vec です。Word2vec は分布仮説を元に作られています。分布仮説とは、「同じ文脈に現れる単語は同じような意味を持つので、周囲に来やすい単語によって、意味が表現できる」という仮説です。

　例えば下のような文章があったとします。

- 私は一橋大学で認知科学を専攻する教員です。

ここから、1 語抜くことにします。例えば「一橋大学」という単語を抜きましょう。

- 私は（　×　）の認知科学を専攻する教員です。

この（　×　）に入る単語は何でしょう。教員と言っているので、必ず教育機関が入りますし、情報科学と言っていますのでおそらく高等教育機関でしょう。「一橋大学」という正しい固有名詞を当てることができなくても、似たような意味の単語しかこの位置には入れることができないことがわかると思います。「認知科学」や「専攻」を抜いても同じことで、代わりに入れることができる単語は似たような意味を持っていることがわかります。これが分布仮説です。単語の意味は、周りにどのような単語が来るかということで表現することができそうです。そうすると、各単語を特徴とする場合に、それぞれの単語が周りに出現する確率でもって、その単語の意味を表現できることになります。このような仕組みで、単語をベクトル化（複数の数値で表すこと）するのが Word2vec です。ベクトルは、skip-gram と呼ばれる 1 つの単語から周りを予想するタスクと、CBOW と呼ばれる周りにどんな単語が来るかを予測するタスクで学習されます。ここで、ベクトルという言葉を使いましたが、ベクトル演算が可能であったことも Word2vec が世界を驚かせたことの 1 つです。それぞれの単語はベクトル化されるので演算ができます。そして、その意味ベクトルは、

- 王様 − 男 ＋ 女　→　女王

のような関係性が維持されていることがわかりました。このように、既存の文章から単語の意味を学習することができ、それが計算可能であるということが

わかり、これによって、自然言語をデータとして扱えるようになったことが大きな進展となりました。

10.5.3 必要なのはアテンションだけ

例えば、『彼女は本を読みながらカフェでコーヒーを飲んでいたが、突然、窓の外を通り過ぎる赤い車を見て驚いた。』という文章があったとします。これに対して、誰が驚いたのか、どうして驚いたのか、このような質問に機械が答えるのは困難です。1つの理由は、「驚いた」という単語からの距離が遠いことです。Word2vec では、すべての単語を均質に扱うため、このような構造が複雑な文章の理解は難しくなります。このような文章を理解するときに、各単語の意味と他の周りの単語の関連性の強さを知ることが必要になります。「驚いた」を理解するためには、「誰が」、「何に」、「どうして」など、関連の強い単語が周りにあり、その重要性は均等ではありません。この重みづけを行う仕組みを attention 機構と呼びます。attention 機構の有用性は、Vaswani らの 2017 年の、"Attention is all you need" というタイトルの論文で有名になりました。ここでは、attention 機構により、長距離依存の関係性をとらえること、文脈に応じた意味をとらえること、複雑なタスク（翻訳、文章生成など）に対応できること、並列処理に優れること、が示され、attention 機構により正確に速く文章全体の意味を処理することができることが示されています。このような、attention 機構を用いて、大量のデータを効率的に処理するモデルをトランスフォーマーと呼び、Google の BERT や GPT シリーズなど、現在の大規模言語モデル (LLM) は、ほぼすべてトランスフォーマーを元にしています。

10.6 基盤モデル

基盤モデル (Foundation Model) は、大規模なデータセットで事前学習された汎用性の高い AI モデルで、さまざまなタスクに対応することを目標としています。基盤モデルは、膨大な量のテキストや画像、音声データを用いて学習されており、得られた知識やスキルを特定の応用タスクに適用することができます。代表的な基盤モデルとして、これまでにも触れた、自然言語処理の BERT や GPT シリーズ、画像生成の DALL-E や CLIP などがあります。

基盤モデルは汎用性と再利用性が特徴です。これらのモデルはトランス

フォーマーを元にしており、異なる文脈やタスクでも適切に情報を解釈し、対応できるように設計されています。また、基盤モデルは一般的な知識や文脈理解を持つため、任意の課題に対して、その課題用のデータを使った少しの追加学習で、その課題を高精度でこなすことが見込めます。

このようなモデルの開発は、自然言語処理や画像処理など多くの分野でのブレークスルーを生み出すとともに、AI業界の覇権争いを助長しています。基盤モデルの開発には、膨大な計算資源とデータを必要とするため、開発できるのは資金力と技術力の両方を備えた一部の組織に限られます。このため、Google、OpenAI、Meta、Microsoftといった企業は、強力な基盤モデルの開発を目指し、この分野でのリーダーシップ争いを行っています。

基盤モデルの優位性は、単なる技術革新に留まらず、ビジネスや社会に多大な影響を与えます。例えば、ChatGPTやBERTといったモデルは、たくさんのこれまでなかったような新しい製品とサービスを実現してきています。そのため、強力な基盤モデルを持つことは、大きな市場競争力となります。それに加え、基盤モデルの開発と利用には、知識の独占やデータ倫理、社会的影響といった問題も関連し、企業間の過激な競争はさまざまな問題を膨らませます。このような覇権争いはAI技術の進化を一層加速させる一方で、それにかかわる倫理的な枠組の構築の必要性も明らかにしてきています。

10.7　これからの応用と人工知能の行く末

このように、現在の人工知能は急速に我々の多くの仕事を肩代わりできる能力を得て、革新的な道具として、我々の生活や社会を変化させています。今後、さらにどのようなことができるようになるか、誰にも予想はできませんが、明るい未来は約束されているかのようにも思えます。ただ、ここで、これまでの人工知能の歴史を振り返ると、新しいことができるようになるたびに、できないことも同時に見えてきて、人工知能と呼ばれるもの、人間の知能を機械で実現しようという目標は、結局は果たされず、次の目標を見つけるまでの冬の時代を過ごすことになってきていました。今後はどのようになるでしょうか？例えば、現在、さまざまな能力を得たAIをロボットに搭載することで、いろいろな物理的な課題、つまり、実際に作業をしたり、人と触れ合ったりといったことに応用しようとする取り組みが始まっています。このような中で、まだ

まだ、現在の AI にとって難しいことも見え始めてきています。そのうちの 1 つは、AI の自律性です。現在の人工知能は、与えられた問題を解決する方向で進歩してきました。このため、自分で問題を発見し、自律的にふるまうことは得意ではありません。社会の中に溶け込んで仕事をするロボットを想像するとき、そのロボットは、自発的に問題を発見し、その解決を周りに合わせて柔軟に適用し、周囲の人々の信頼を得ていく必要があります。ある意味、いい加減な計算処理しかできないはずの人間にできているこのようなことが、性能の良い人工知能には難しいということが見えてきています。また、人間は、見たこともない新しい単純なタスクを少ないトレーニングで解決することができます。大量の学習を行った大規模言語モデルも学習データにない課題は解決できませんし、解決のためには、また大量の学習が必要です。このような、現在の人工知能と人間の知能の違いは、新たな研究分野を生みつつあり人工一般知能 (Artificial General Intelligence, AGI) と呼ばれます。このように、新しい、優れた道具としての人工知能が発展した現在において、人工知能研究の本当の夢である「人間のような知能を実現する」という方向へ回帰も起こり始めているように思えます。今後は、より便利な道具としての AI を目指す方向性とより人間の知能を理解し、人間の知能を実現しようとする学術的な方向性の両方が相互作用しながら、新しい人工知能の姿を作り出していくことが期待されます。

参考文献

- G. E. Hinton, and R. R. Salakutdinov. Reducing the Dimensionality of Data with Neural Networks. *Science*, 313(July):504–508, 2006.

- I. J. Goodfellow, *et al.* Generative adversarial networks. *Communications of the ACM*, 63(11):139–144, 2020.

- J. Sohl-Dickstein, E. Weiss, N. Maheswaranathan, and S. Ganguli. Deep unsupervised learning using nonequilibrium thermodynamics. In *International conference on machine learning*, PMLR :2256–2265, June 2015.

- R. Rombach, A. Blattmann, D. Lorenz, P. Esser, and B. Ommer. High-resolution image synthesis with latent diffusion models. In *Proceedings of the IEEE/CVF conference on computer vision and pattern recognition* :10684–10695, 2022.

- G. A. Miller. WordNet: a lexical database for English. *Communications of the ACM, 38*(11):39–41, 1995.

- T. Mikolov, K. Chen, G. Corrado, J. Dean. Efficient estimation of word representations in vector space. *arXiv preprint*, arXiv:1301.3781 [cs.CL], 2013.

- T. Mikolov, I. Sutskever, K. Chen, G. S. Corrado, and J. Dean. Distributed representations of words and phrases and their compositionality. *Advances in neural information processing systems*, 26, 2013.

- J. Devlin, M. W. Chang, K. Lee, K. Toutanova. Bert: Pre-training of deep bidirectional transformers for language understanding. In *Proceedings of naacL-HLT*, Vol. 1, p. 2, June 2019.

- T. B. Brown, *et al.* Language models are few-shot learners. *arXiv preprint*, arXiv:2005.14165 [cs.CL], 2020.

- A. Vaswani, *et al.* Attention is all you need. *Advances in Neural Information Processing Systems*, 2017.

索　引

■ 記号，英数 ■

ε グリーディ戦略	151
adaboost	111
adversarial attack	163
break 文	18
continue 文	18
cross validation	103
DataFrame	54
Decision Tree	104
exploitation-exploration trade-off	150
GAN	174
k-nearest neighbor	89, 102
Label encoding	95
Lasso 回帰	90
LLM	178
no free lunch 定理	107
One-hot encoding	96
predictive policing	164
Random forest	110
Ridge 回帰	90
while 文	16

■ あ ■

アンサンブル学習	109
オートエンコーダ	173
オプティミスティック初期値	150

■ か ■

過学習	88
確率分布	65
活用と探索	150
カテゴリー変数	95
基盤モデル	178
逆誤差伝播法	123
強化学習	143
局所最適	124
グリッドサーチ	107
欠損値	92
コンボリューション	127

■ さ ■

再帰	41, 42
最小二乗法	75
サポートベクターマシン	105
サポートベクターリグレッション	90
算術演算子	11
シグモイド関数	119
社会信用システム	161
重回帰分析	78
条件分岐	13
スケーリング	99
制御構文	13
生成 AI	170
説明可能な AI	162
ゼロパディング	128
相関係数	74

■ た ■

ダートマス会議	2
大規模言語モデル	178

代理意思決定	166	バイアス－バリアンストレードオフ	88
多次元配列	23	ハイパーパラメータ	89
タプル	28	バギング	110
単回帰分析	77	バックプロパゲーション	123
単純パーセプトロン	117	比較演算子	14
ディープラーニング	117	ヒストグラム	61
ディクショナリー	28	標準ライブラリ	69
敵対的生成ネットワーク	174	ブースティング	110
転移学習	136	部分構造最適性	36
動的計画法	35	プライバシー	160
透明性	162	分布仮説	177
トランスフォーマー	178		

■ な ■

二分探索	34		
ネオコグニトロン	125		

■ ま ■

ミニバッチ学習	123		
みにくいアヒルの子の定理	165		

■ は ■

パーセプトロン	117		

■ ら ■

ロジスティック回帰	80		

著者紹介

福田 玄明 （ふくだ　はるあき）

2011 年　東京大学大学院総合文化研究科広域科学専攻広域システム科
　　　　　学系 博士課程修了
　　　　　博士（学術）
2012 年　国立研究開発法人 理化学研究所脳科学研究センター 研究員
2013 年　東京大学大学院総合文化研究科広域科学専攻広域システム科
　　　　　学系 助教
2020 年　一橋大学大学院 経営管理研究科 准教授
2023 年　一橋大学大学院 ソーシャル・データサイエンス研究科 准教授
　　　　　現在に至る

社会科学系のための AI 入門

| 2023 年 3 月 30 日　　第 1 版　第 1 刷　発行 |
| 2025 年 3 月 10 日　　第 2 版　第 1 刷　印刷 |
| 2025 年 3 月 31 日　　第 2 版　第 1 刷　発行 |

著　　者　　福田玄明

発 行 者　　発田和子

発 行 所　　株式会社　学術図書出版社

〒113−0033　　東京都文京区本郷 5 丁目 4 の 6
TEL 03−3811−0889　　振替　00110−4−28454

印刷　三美印刷（株）

定価はカバーに表示してあります.

本書の一部または全部を無断で複写（コピー）・複製・転
載することは，著作権法でみとめられた場合を除き，著作
者および出版社の権利の侵害となります．あらかじめ，小
社に許諾を求めて下さい．

© 2023, 2025　FUKUDA, H.
Printed in Japan
ISBN978−4−7806−1358−2　　C3004